Mark Hofmann

Im Kopf eines Bürgers

Ich widme dieses Buch meiner Tochter Ally. Mögest du stets die richtigen Fragen stellen um all deine Fragen beantwortet zu bekommen.

INHALT

9   Vorwort

12   Unser Grundgesetz

18   Der Umgang mit der Schuld

22   Wer darf über wichtige Themen überhaupt diskutieren?

24   Wissen schafft.

31   Am Anfang steht die Selbsterkenntnis

34   Eine neue Diskussionskultur

38   Balance in der Natur, Balance in der Wahrnehmung

44   Auf der Suche nach der richtigen Frage?

51   Der Umgang mit unserer Sprache

56   Die Gesellschaft muss umdenken!

59   Meinung vs. Freiheit

69   Humor – Wen oder was darf man lustig finden?

72 Der Mensch

76 Was ich will und was ich muss

83 Über das Ziel hinaus

90 Der Verlust der Mitte

96 Wenn der Teufel während der Messe grinsend auf dem Altar sitzt

104 Wenn wir sie verlieren

109 Vorbilder oder Verbilder

112 Ethisches Verständnis und falsche Propheten

116 Unser Bildungssystem

125 Stadt. Land. Fluss. Der Kreislauf

129 Der harte Boden der Realität

132 Absurde Strukturen

135 Idealismus vs. Vernunft vs. Geld – Der Augenöffner

145 Leben in der Illusion

152 Soziale Medien

159 Ich bin Jesus

161 Der Umgang mit dem Tod

168 Das war´s dann wohl erst einmal

VORWORT

Mein Bauch müsste bereits so groß sein wie ein Medizinball und ich wäre sicherlich im 567. Monat, wenn ich die Redewendung bemühen würde, dass ich schon sehr lange mit der Idee für dieses Buch schwanger gehe. Meine Fragen und Beobachtungen in meiner Kindheit haben es nicht geschafft, mich an die Schreibmaschine zu bewegen. Meine Jugend mit Tschernobyl und dem Fall der Mauer hat es nicht geschafft. Die Kurzarbeit und das Industriesterben in den 90ern haben es nicht geschafft; obwohl ich doch gerade meinen PC mit Word ganz neu hatte. Und auch Finanz-, Flüchtlings- und Klimakrise haben es vergeblich versucht, mich zum Schreiben zu bewegen. Dann kam Corona und plötzlich hatte ich Zeit und fing unvermittelt an zu tippen. Da hat sich in knapp fünf Jahrzehnten doch so einiges angestaut, was von mir verarbeitet werden musste und jetzt, unter lautem Geklapper meiner Tastatur, endlich meinen Kopf verlassen darf.

Da sind wir nun angekommen im gepriesenen Zeitalter von selbstfahrenden Autos, schnellem Internet, Roboter-Medizin und Quantenphysik. Dennoch läuft unser Leben nicht annähernd so rund, wie man sich das im Vorfeld für eine hoch entwickelte Gesellschaft vorgestellt hätte. Es scheint, als blieben die fundamentalsten Dinge unserer Entwicklung schleichend und unbemerkt, Stück für Stück auf der Strecke. Der Drang, Dinge in unserem System stetig verbessern zu wollen, scheint zum Selbstzweck verkommen zu sein. Wo damals Probleme und Schwierigkeiten so offensichtlich und störend waren, dass man sie dringend lösen musste – wodurch wahrer Fortschritt erst möglich wurde – hat man zunehmend den Eindruck, dass wir uns so sehr daran gewöhnt haben, Probleme lösen zu können, dass es uns fehlen würde dies nicht mehr zu tun. (Un)glücklicherweise wurden aber schon so viele Probleme gelöst; weshalb sich so mancher Intellektuelle anschickt, mittlerweile auf die Suche nach Problemen zu gehen, um eben dieser Befriedigung des Problemlösens weiter nachkommen zu können. Doch gerade dadurch werden Sinn und Zweck auf absurde Weise auseinandergetrieben. Denn es gibt einen großen Unterschied zwischen einem realen Problem, für das es eine Lösung braucht, und einem Sachverhalt, in dem man unbedingt ein Problem erkennen möchte. Nur, um dann in „weiser" Voraussicht, wie ein Marktschreier, die eigene Lösung anzupreisen. Das entlarvt sich meist schnell, wenn für die Präsentation der Lösung offenkundig mehr Aufwand betrieben wurde als für die Lösung selbst. Natürlich, mit der Präsentation der Lösung frönt man seiner Eitelkeit und holt sich Anerkennung, wohingegen weniger eitle Problemlöser mit Pragmatismus und Effizienz zwar tatsächlich Probleme lösen, aber Gefahr laufen, auf Dauer unerkannt zu bleiben. Somit geht es manchen auch ein Stück weit darum, ihren Fußabdruck im Zeitstrahl der Geschichte zu hinterlassen. Beispiele hierfür sind nicht nur die neuen Gendersternchen oder die Cancel-Culture, sondern auch die seit Jahrzehnten stetig weiterentwickelte Bezeichnung für Menschen, die keine „deutschen" Vorfahren haben. Der Umgang mit dieser ausländischen Bevölkerungsgruppe treibt den „ethischen" Teil der deutschen Moralapostel schier in den linguistischen Wahnsinn; ein Zustand, welcher durch, im Fünfjahrestakt wechselnde, Begrifflichkeiten wie „Migrant" oder „Deutscher mit Migrationshintergrund" jüngst mit Berlins neuester Version „Deutscher mit internationaler Geschichte" nahezu groteske Dimensionen annimmt. Aber ist ja auch verständlich; wer könnte besser beurteilen, wann ein afrikanischer Fabrikarbeiter aus Frankfurt diskriminiert wird, als eine zweiundzwanzigjährige Studentin aus Berlin Charlottenburg?

Das offenbart schon den ersten kolossalen Denkfehler. Das Sprechen über ein Problem mag bei der Bewältigung sicherlich hilfreich sein. Doch wir sind gefangen in der Verweigerung, uns der Realität zu stellen; nämlich, dass wir dieses Spiel so lange weitertreiben müssten, bis wir endlich bereit wären, jeden der hier lebt, einfach „Deutscher" zu nennen. Punkt.

Bei genauerer Betrachtung zeigt sich, wie absurd die Situation wirklich ist: In dem wir versuchen, das perfekte Wort für diese Personengruppe zu kreieren, erschaffen wir automatisch genau **den** sichtbaren Unterschied zu den „Urdeutschen", den wir so gerne mit unseren Wortkreationen auflösen würden. Aber es scheint so, als würden sich viele in den reinen Gesprächen über die Probleme so wohlfühlen, dass es ihnen glatt entgeht, dass daran anschließend, im praktischen Teil, die Lösung folgen sollte. Man müsste endlich den Unterschied im Zusammenleben auflösen. Trotzdem wird eifrig weiter diskutiert und während des Diskurses bereits das Eintreten einer Verbesserung erwartet. Es ist schon klar, dass Sprechen einfacher ist als das Machen. Erstaunlich ist aber die Verschiebung der Wahrnehmung darüber, was der bloße Diskurs am Ende überhaupt zu leisten vermag. Wir aber diskutieren solange, bis wir an einen Punkt kommen, an dem es sogar kontraproduktiv wird.

UNSER
GRUNDGESETZ

Man stelle sich, als Teil der verwöhnten Babyboomer-Generation, mal folgendes Land vor: Kriegsgeschunden, ausgebombt und verrannt in eine Ideologie, die von Beginn an zum Scheitern verurteilt war. Die eigenen Ideale waren offenkundig jahrzehntelang falsch geerdet: die Führungsriege nahezu geschlossen zum Tode oder zu lebenslangen Haftstrafen verurteilt. Eine Gesellschaft, die aus unterschiedlichsten Gründen die rechte Hand im Kollektiv nach oben reißen musste, starrt auf seine eigene Kompassnadel und sieht ihr bei ihrem wilden Tanz zu. Die eigenen Fehler der letzten zwölf Jahre wurden von vier Siegermächten schmerzhaft offengelegt, als die Bevölkerung ganzer Dörfer durch die benachbarten Konzentrationslager getrieben wurde. Plötzlich ist scheinbar sonnenklar, dass man natürlich keine zwölf Millionen Juden, Schwule, Behinderte und andere *unarische* Menschen einfach mal so vergasen hätte dürfen. Natürlich wäre es besser gewesen, ein demokratisches Parlament zu haben, anstatt einem einzigen verwirrten Psychopathen zu folgen. Nur, wie genau löst man sich von einem Moment auf den nächsten davon und findet eine völlig neue Weltanschauung? Ein Blick in die damalige Welt zeigte auch kein einziges perfektes Vorbild, das man einfach hätte kopieren können. Eine neue Verfassung für eine neugegründete Republik müsste also neue verbindliche Werte für ein geschundenes Volk definieren. Sie müsste den Spagat schaffen, mit der eigenen Schuld umzugehen, ohne davon aufgefressen zu werden und zugleich sollte sie mahnend genug sein, um das Handeln der Zukunft nachhaltig zu verändern. Vielleicht hätte sie sogar das Zeug dazu, ein leuchtendes Beispiel zu werden. Das setzt aber fundamental andere Grundwerte voraus, als man sie bis zum großen Zusammenbruch gedacht, gefühlt und praktiziert hatte. Eine schier unlösbare Aufgabe; und doch haben die Verfasser ein Werk geschaffen, auf das wir, nach knapp 80 Jahren seiner Schaffung, immer noch stolz sein können. Kluge Männer und Frauen – vermutlich das Klügste was wir unter den Verbliebenen der nicht korrumpierten Eliten noch hatten – haben mit einer Mischung aus Angst, Ehrfurcht, Respekt, Hoffnung und viel Glauben an das deutsche Volk eine bis heute stimmige Verfassung erschaffen, die ihre Gültigkeit und Richtigkeit auch in der modernen Welt nicht eingebüßt hat. Im Gegenteil: Eigentlich ist sie gerade heute auch ein moralischer Meilenstein, dessen Betrachtung uns von Zeit zu Zeit erden könnte, würde man doch des Öfteren das Augenmerk darauf legen. Das Wertvolle an dieser Verfassung ist, dass die Verfasser Zeitzeugen waren. Sie haben den Horror dessen, wozu diese Nation im Stande war, entweder gerade erst am eigenen Leib erdulden müssen oder in voller Empathie, aber auch in Furcht, mit angesehen. Als jemand der dies nicht miterlebt hat, möchte ich mir an dieser Stelle nicht anmaßen, dass ich mir auch nur annähernd vorstellen könnte, wie sich dieses Martyrium im Dritten Reich angefühlt haben muss. Dieser kurze Zeitraum, in welchem ich mein bescheidenes Gedankenspiel zulasse, ist sicher kein Vergleich dazu, dies über zwölf schmerzhafte Jahre als seine eigene Realität erleben zu müssen. Aber alleine in meinem kurzen Gedankenspiel, mir vorzustellen, einer der Mitwirkenden an der ersten Verfassung der Bundesrepublik zu sein, spüre ich, wieviel für die Verfasser unseres Grundgesetzes auf dem Spiel gestanden haben muss. Sollte dieses Land sich jemals wieder von seinen Besatzern lösen und mit diesen auf Augenhöhe agieren wollen, muss es einen für alle glaubhaften Wandel vollziehen. Reine Lippenbekenntnisse würden den, von uns geschundenen, Anrainerstaaten nicht genügen, um uns aus der Zange der Besatzung in absehbarer Zeit wieder zu entlassen. So erschufen die Gründerväter unserer Republik ein Manifest, das in der Lage war, den Tanz der Kompassnadel zu beenden und eine deutliche Erdung für eine ganze Nation sichtbar zu machen. Wie ich finde, in exzellenter Weise. Und ich sage das aus einem bestimmten Grund: Die Verfasser haben ihr Erlebtes in das Grundgesetz ungetrübt mit einfließen lassen. Der Horror war zu diesem Zeitpunkt noch so frisch, dass deren Einschätzung eine angemessene war. Man kann erkennen, dass keine Probleme hochstilisiert und nichts herbeidiskutiert wurde, was nicht existent war. Es wurde keine Zeit mit Erste-Welt-Problemen verschwendet, sondern es schien allen klar gewesen zu sein, was wesentlich und für die Bevölkerung relevant ist. Nichts von dem, was in den letzten fünfzehn Jahren passiert war, durfte sich so wiederholen.

Auch, wenn sich viele heute anschicken, in ihrem Wahn nach Empathie dies nachempfinden zu wollen; das kann man einfach nicht. Es ist eine Illusion, zu glauben, man könnte sich als Nachkriegs-Deutscher, oder gar Millennial, in die Situation eines Juden von 1940 hineinversetzen. Es zu versuchen, ist sicher ehrenwert, aber man sollte sich unbedingt bewusst machen, dass dieser Versuch nur unzureichend abbilden kann, was 1940 Realität war. Deshalb habe ich umso mehr Vertrauen in unsere Verfassung. Aber aktuell macht es den Anschein unsere Gesellschaft befände sich schon zu lange in einer Art Nebel, in dem der Wert unserer Verfassung nicht mehr allen wirklich bewusst ist. Vorschnell werden bei vielen von uns eigene Moralvorstellungen oder ein gleichgeschalteter Zeitgeist dem Grundgesetz vorgezogen. Nicht alleine schon deshalb, weil viele den Luxus genießen in einer Zeit aufgewachsen zu sein, in der man nie das miterleben musste, was es zuletzt notwendig gemacht hatte, überhaupt eine Verfassung zu entwickeln. Zu schnell werden von Menschen Begriffe inflationär verwendet, weil sie glauben, zu wissen, was diese Begriffe bedeuten, und sich einbilden, Parallelen zu aktuellen Ereignissen zu erkennen. Aktuelle Personen des öffentlichen Lebens werden mal schnell mit dem Zusatznamen „Mini-Hitler" versehen, oder vorschnell Rechtsnationale mit Nationalsozialisten vermengt. Was echte Nazis für unvorstellbare Gräueltaten im Dritten Reich begangen haben, wird dabei scheinbar völlig ausgeblendet. Da stimmen Gewichtung und Dimension einfach nicht mehr überein. Man hechelt hier von einem Superlativ zum nächsten, nur um den eigenen, eher schwachen, Argumenten mehr Pathos oder Nachdruck zu verleihen. Aber auch, wenn man versucht ist, dies zu tun, darf man die verächtliche Äußerung eines Politikers – auch, wenn dieser aus einer möchtegern-alternativen Partei ist – nicht mit dem Massenmord an zwölf Millionen Menschen, in einem lapidaren Nebensatz, gleichsetzen. So sehr man diesen Politiker damit gerne beleidigen oder bloßstellen möchte, das wird im Umkehrschluss einfach der Dimension unserer Geschichte nicht gerecht. Aber genau in diese merkwürdige und selbstgefällige Richtung haben sich unser Zeitgeist und unsere Gesprächskultur über die letzten Jahrzehnte entwickelt. Deshalb ist unsere Verfassung wichtiger denn je und es gilt nicht nur, unser Land gegen Übergriffe der Gegner unserer Verfassung zu schützen, sondern auch, unsere Verfassung selbst muss geschützt werden.

Man mag mir jetzt vorwerfen, ich vermute eine Bedrohung unserer Demokratie, wo keine ist. Aber die sehe ich in der Tat. Die Terrorwelle des NSU und die Krawalle um den G20 Gipfel, an denen Teile der Antifa beteiligt waren, stellen sicher die Speerspitze dar. Aber nur, weil es in der zweiten Reihe etwas leiser zugehen mag, ist es dort nicht minder problematisch. Beispielsweise sehen Politiker, in Momenten des politischen Opportunismus, die Chance, das Gegenstatement zu Donald Trump zu sein. Um ein paar Wählerstimmen einzufangen, wird der klägliche Versuch unternommen, die Antifa vor Donald Trump in Schutz zu nehmen und dann wird sich auch gleich total kopflos noch schnell selbst als Teil der Antifa verstanden. Man könnte meinen, man hätte hier lediglich gemutmaßt, dass Antifa wohl „antifaschistisch" heißen muss, und das wurde voreilig für gut befunden. Dass aber mit der Antifa nicht nur Mitglieder mit edlen Motiven verbunden sind, kann in diesem Moment nicht auf dem Schirm gewesen sein. Sonst wäre dieses peinliche Statement wohl kaum möglich gewesen. Als weiteres Beispiel führe ich gerne noch grüne Politiker an die immer wieder geltendes Recht außer Kraft setzen wollen, weil man denkt, man müsse „moralisch korrekt" handeln. Aber wenn es nun mal in Italien per Gesetz verboten ist, ohne Genehmigung mit einem Schiff im Hafen anzulanden, dann ist das dort von der Justiz zu ahnden, auch wenn es voll ist mit hilfsbedürftigen Flüchtlingen. Ob ich persönlich dem Kapitän meine ganze Hochachtung für seinen Mut entgegenbringe oder nicht, ist für die Justiz und die damit verbundene Rechtsprechung unerheblich. Es gilt auch dort das Gesetz als Rahmen für alle. Wenn dieses Gesetz nicht meinen Vorstellungen entspricht, habe ich die Möglichkeit zu demonstrieren oder mein Kreuz bei der Wahl an einer anderen Stelle zu setzen. Wem das nicht genügt, kann auch aktiv in die Politik gehen, um Gesetze mitzugestalten.

Aber bis dahin gilt: Was im Grundgesetz steht, gilt für alle gleichermaßen. Einen Gedanken möchte ich hier noch mit auf den Weg geben: Auch, wenn es einem in dem Moment nicht bewusst sein mag; sobald man der Meinung ist, die eigene Moralvorstellung wiege schwerer als das Grundgesetz, spricht man unserer Verfassung klar das Misstrauen aus. Das bedeutet auch, man wäre selbst besser im Stande, als alle anderen, zu beurteilen, was gut für unsere Nation ist. Dieser Tragweite der selbstauferlegten Verantwortung möge man sich bitte auch bewusst werden, wenn man sich für schlauer als unsere Gründerväter hält! So weit kann man sich nicht aus dem Fenster lehnen ohne herauszufallen.

DER
UMGANG MIT
DER SCHULD

Sicher ist das Aufarbeiten unserer Schuld der richtige Weg gewesen. Bei allen Verbrechen, die dieses Land am eigenen Volk und an anderen Ländern begangen hat, war es einfach nicht möglich, diese Geschichte zu bewältigen, ohne dabei Schuld zu empfinden. Dass sich Teile dieser Nation dann, im Zuge jener Aufarbeitung, aufgemacht haben, sich in den nächsten kolossalen Fehler, durch die Gründung eines anderen Deutschen Staats, zu verrennen, lasse ich an dieser Stelle außen vor. Ich betrachte die Situation aus meiner westdeutsch geprägten Realität.

Was ich im Laufe meines behüteten Lebens erkannt habe, ist, dass uns Dinge niemals genug sind. Wir waschen unsere Wäsche weiß, aber wir würden gerne nächstes Jahr unsere Kleider mit der nächsten Waschmittelgeneration noch weißer waschen können. Wir drehen eine Schraube fest und fragen uns Minuten später, ob wir sie wirklich festgezogen haben. Wir drehen noch einmal nach, um sicher zu gehen. Manche wiederholen das Spiel sogar so lange, bis die Schraube am Ende abgerissen ist – fest ist gut; fester ist besser. Diese Tendenz mag menschlich sein. Es mag auch in unserem Wesen liegen, dass Reize nach einer gewissen Zeit nachlassen und wir dort sprichwörtlich die Schraube noch mal etwas anziehen müssen, um überhaupt wieder etwas zu spüren.

Was hier sicher auch mit reinspielt, ist die Tatsache, dass wir Dinge selten absolut, sondern eher relativ beurteilen. Wir als Europäer würden einen bewölkten Tag im Oktober bei 18°C als kalt bezeichnen, wohingegen wir im Februar bei den gleichen 18°C erstaunt darüber sinnieren würden, wie sonnig warm es in diesem Frühjahr bereits ist. Zweimal die gleiche Temperatur, aber beide Male mit einer völlig anderen Bewertung. Dazu kommt, dass Bewohner der Arktis bei 18°C generell immer schwitzen würden und jemand aus einer äquatornahen Gegend bei 18°C nur mit Daunenjacke das Haus verlassen möchte. So divers sind wir als Menschheit. Aber wir sehen in ein und demselben Tatbestand immer nur das, was wir selbst erkennen möchten. Die einen sehen das Glas halb voll, die anderen halb leer. Hierzu gibt es viele Beispiele, wie die Wahrnehmung beeinflusst werden kann. Erwähnt seien hier nur die Gestaltgesetze. In einer polarisierten Gesellschaft könnte so ein Verhalten zu Konflikten ohne jede Hoffnung auf einen Kompromiss führen.

Da der Pazifismus in den letzten Jahrzehnten stark Einzug in unsere westlichen Kulturen gehalten hat, wurde so mancher Faustkampf oder auch Kriegsschauplatz in den sprachlichen Bereich verlagert und viele Gefechte werden heute mit Worten ausgetragen. Dort sind die Waffen der Wahl Rhetorik und Pathos. Und wir müssen uns nichts vormachen; auch da gab es ein regelrechtes Wettrüsten. Im Laufe der Jahre haben sich dort sprachliche Eigenheiten entwickelt, die auch wiederum stark vom Zeitgeist geprägt werden. Irgendwer etabliert durch einen Auftritt eine Redensart – meist etwas Banales schlicht anders und interessanter ausgedrückt – und ein Großteil plappert dies, ohne darüber nachzudenken, einfach nach. Ich erinnere mich noch an die Wahl von Josef Ratzinger zum Papst. Plötzlich benutzte jeder über Wochen das Wort

„Pontifex". Das gab es schon sehr lange, aber es kam wie aus dem Nichts in die Gegenwart zurück und alle machten fröhlich mit – denn „Papst" klingt einfach wie „Pups" und „Pontifex" hingegen schon relativ gebildet.

Aktuell tauchen andere, unsägliche Wortkonstrukte, in den Öffentlich-Rechtlichen Medien, auf. Von „Da müssen wir uns ehrlich machen." oder „AFD-Sprech" oder „... klare Kante zeigen..." bis hin zu „..die Menschen abholen.." ist da alles dabei. Diese werden dann von Journalisten und Prominenten so oft kolportiert, dass auch der Bürger anfängt diese Sprachauswüchse im Alltag anzuwenden, weil er gerne genauso „gebildet" klingen möchte wie seine Eliten. Nichts von diesen Ergüssen wird auch nur ansatzweise hinterfragt. Das sind aber nur die Auswüchse, welche im Sprachgebrauch dazugekommen sind und oft glücklicherweise unbemerkt wieder verschwinden. Wörter und Redewendungen, die einst normal und gängig waren, aber mit der Zeit wegfallen und man irgendwann nicht mehr sagen darf, entwickeln sich ungleich schleichender. Erst, wenn diese Begriffe nach langer Zeit wieder deutlich ausgesprochen werden, klingen sie für die Berufsempörten plötzlich befremdlich und werden unüberlegt und vorschnell geächtet. Ein afrikanischer Koch muss dann in der ARD, zur besten Sendezeit, studierten Schriftstellern die wahre Bedeutung des Wortes „Mohr" erklären, nachdem sich die Elite fünf Minuten vorher selbst mit Vorurteilen und Unwissen auf peinliche Weise bloßgestellt hat. Ich wusste auch nicht, dass „Mohr" im Mittelalter für gutes Essen stand. Selbst, wenn sich viele Widersetzer des Sprachdiktats mit ihren Äußerungen rechtlich auf der sicheren Seite wähnen könnten, werden diese zurechtgewiesen, in Schubladen eingeordnet oder gar mit Torten beworfen – so wie es den vermeintlichen Hütern des Zeitgeistes und der „Moral" gerade beliebt.

Wir leben in einer Zeit, in der Menschen es gerechtfertigt finden, Politikern Torten ins Gesicht oder Blumen vor die Füße zu werfen. Wobei wir dann wieder bei den Themen „eigene Moralvorstellung" und „inflationär benutzte Superlative" sind. Ob das guter Stil ist, fragt sich offensichtlich keiner. Daraus wiederum entstehen Tabus für ganze Gesellschaften. Bei manchen Menschen artet das so aus, dass man das Gefühl bekommt, sie hätten für den Vortrag ihrer Moralvorstellung bereits eine eigens komponierte Hymne in der Schublade liegen. Würde ich auch mit solchen Superlativen um mich werfen, müsste ich diese Sprachkultur eine Sprachdiktatur nennen.

WER DARF ÜBER DIE WICHTIGEN
THEMEN ÜBERHAUPT
DISKUTIEREN?

Wenn man regelmäßig alles konsumiert, was die TV-Landschaft in Sachen Talkshows und Gesprächsrunden hergibt, fällt einem auf, dass unter den geladenen Gästen meist nur Experten zu finden sind. Es macht schon fast keinen Unterschied, zu welchem Thema diskutiert wird. Prinzipiell ist es auch keineswegs abwegig, Fachleute zu bestimmten Sachverhalten zu befragen. Aber diese Übermacht an studierter Expertise gibt mir als Privatperson langsam ein bisschen das Gefühl, dass es den Studierten und Experten vorbehalten ist, sich zu wichtigen Themen zu äußern. Wer keinen Titel hat, soll bitte still sein. Das würde aber auch bedeuten, dass Fußball-Fans nicht über Fußball sprechen dürften, weil sie keine Profi-Fußballer sind. Das ist völlig absurd.

Wenn sich dann doch mal Fernseh-Köche, Schauspieler oder Krankenschwestern in Talkrunden verirren, wird schnell offenbar, wie sogenannte Experten dann von oben herab regelrechte Belehrungsvorträge halten. Teilweise werden die normalen Gäste von den Experten nicht einmal angesehen, während sie ihre Laienmeinung äußern. Eine größere Respektlosigkeit kann ich mir in einer Diskussionsrunde kaum vorstellen. Im Gegenzug soll man ihnen danach aber aufmerksam folgen. Irgendwie so nach dem Motto „... Was du glaubst zu wissen, ist ja ganz nett, aber ich erkläre dir jetzt mal, wie die Welt funktioniert. Ich habe das studiert.". Andere haben diese typisch professorale

„yogeshwarische" Attitüde die, auch eine echte Belastungsprobe für meine Arroganz-Rezeptoren ist. Talkgäste dürfen zu keinem Zeitpunkt die Statements der anderen Gesprächsteilnehmer für die Zuschauer „übersetzen" und einordnen. Diese Kompetenz haben sie nicht und steht ihnen auch nicht zu.

Aber ich frage mich, wer darf eigentlich was? Darf ein autodidaktischer Musiker Jazz spielen? Darf ein Hobbymechaniker an die Bremsanlage ran? Und darf sich ein Nicht-Philosoph und Nicht-Psychologe zu Emotionen und Themen die unsere Welt betreffen ein eigenes Bild machen und dies äußern, ohne sich einen Shitstorm einzufangen? Ich denke, ich verstehe unsere Verfassung soweit, dass ich das Recht auf freie Meinungsäußerung habe, und deshalb mache ich davon ausführlich Gebrauch. Unser Planet wird glücklicherweise nicht nur von Experten bevölkert. Auch wir normalen Menschen sind mit den gleichen fünf Sinnen ausgestattet. Wer mit scharfen Sinnen durch das Leben geht und sich von dem, was er sieht und hört, nicht nur berieseln lässt, der wird zu jeder Diskussion etwas Wertvolles beitragen können. Die von allen Seiten viel beschworene Pluralität muss sich endlich auch in den Gästelisten der Talkrunden widerspiegeln. In diesen Shows sitzen einfach zu wenige Philosophen, Soziologen, Historiker oder auch normale Bürger. Dadurch bildet sich im öffentlichen Diskurs oftmals leider nur ein sehr realitätsfremdes Bild ab, das lediglich die Situation höher gebildeter Gesellschaftsschichten widerspiegelt. Das führt dazu, dass die Interessen der Mittelschicht und auch der bildungsfernen Milieus aus dem Gesamtzusammenhang herausfallen. Wenn sich immer nur Wissenschaftler mit anderen Wissenschaftlern in der Kommunikation befruchten, ist das akademische Inzucht. Wie auf diese Weise ein repräsentatives Bild unserer Gesellschaft gezeigt werden soll, ist mir schleierhaft.

WISSEN SCHAFFT.

Um mal bei der Wissenschaft zu bleiben: Was genau ist Wissenschaft eigentlich und wie ist diese objektiv zu bewerten? In unserer Gesellschaft haben wir die Tendenz zur Wissenschaft ehrfürchtig aufzusehen. Verschiedene Verhaltensweisen im Umgang mit unserem Nachwuchs haben in unserer Gesellschaft zu einer Wissenschaftshörigkeit geführt, bei der ich mich frage, ob diese gerechtfertigt ist. Wir gehen mit unserem Kind zum Kinderarzt und legen unser Wertvollstes, in vollem Vertrauen in die Hände des Mannes mit weißem Kittel. Das spüren unsere Kinder auch. Wir geben unsere Sprösslinge in die Obhut von Lehrern, welche maßgeblich an der Erziehung und Formung der Persönlichkeiten unserer Kinder teilnehmen. Wir erzählen unseren Kindern durch Kinderbücher von Astronauten, Ärzten und anderen Wissenschaftlern, bereits in einem Alter, in dem sie noch nicht lesen können. Durch das Bedürfnis, unsere Kinder sobald wie möglich auf die Welt vorzubereiten, verlassen wir uns immer wieder auf das, was wir von der Wissenschaft an die Hand bekommen haben: Die Erde ist eine Kugel, die sich dreht. Dadurch entsteht die Erdanziehung. Es gibt unterschiedliche Aggregatszustände, die Fotosynthese und vieles mehr. Das schafft bei unseren Kleinen, natürlich unterbewusst, eine gewisse Wissenschaftsgläubigkeit, die im Prinzip nichts anderes ausdrückt, als dass nur die Wissenschaft in der Lage ist, uns die Welt zu erklären. Das hat auch mit dem Auftreten der Wissenschaft zu tun.

Wissenschaftler treten selten zweifelnd oder unsicher auf, sondern vertreten ihre Thesen in der Regel immer mit geschwellter Brust und vollem Selbstbewusstsein. Da drängt sich mir aber die Frage auf, wie verlässlich Wissenschaft überhaupt ist?

Sobald man solche Fragen äußert, ergibt sich eine schizophrene Situation: Wer Wissenschaft anzweifelt, wird sofort schief angesehen, denn sie hat das Image des Unantastbaren und des Bewiesenen. Das aber, obwohl wir alle ganz genau wissen, wie oft sie sich auch täuscht und revidieren muss. Trotzdem erlauben wir es uns nicht, unsere Wissenschaft in Frage zu stellen, weil sie für uns normale Bürger ein gefühlter Stützpfeiler ist. Wenn wir uns krank fühlen, wollen wir zu einem weisen Mann mit weißem Kittel gehen, der ein Mittel gegen unser Problem verabreichen kann. Wir brauchen jemanden, der uns sagen kann, dass uns morgen der Himmel nicht auf den Kopf fallen wird. Wir wollen diese Übermenschen, von denen wir hören, dass alles gut werden wird. Aber bildet das die Realität ab? Gibt es nicht genügend Beispiele in unserem Alltag, in denen offensichtlich wird, dass das an den Tag gelegte Selbstbewusstsein, nicht in gleichem Maße durch gesicherte Erkenntnisse untermauert ist? Ich möchte kurz den jüngsten Fall nehmen, der mir einfällt, um meinen Gedanken zu erklären: Aluminiumsalze in Deos. Jahrzehntelang wurden diese in Deo Sprays eingesetzt. Nach vierzig Jahren hat die Wissenschaft plötzlich „erwiesen", dass diese Aluminiumsalze gefährlich für den menschlichen Körper sein sollen. Unmittelbar darauf entstand eine regelrechte Hysterie bei den Kunden. Keiner wollte mehr Deos mit Aluminiumanteil. Somit war die Industrie gezwungen, die Produkte ohne diese Substanzen herzustellen. Viele Käufer waren nun zwar froh, dass das Aluminium aus den Deos war, bemerkten aber, dass die Wirkung der neuen Deos spürbar schlechter war. Trotzdem ist im weiteren Verlauf ein regelrechter Hype entstanden. Das ging so weit, dass Menschen angefangen hatten, diese Hysterie selbst weiterzuspinnen und auch in der Küche z. B. auf Alufolie verzichteten, weil sie dachten, sie würden sich damit langfristig vergiften. Letztendlich hat das Bundesamt für Risikobewertung im Jahr 2020 die offizielle Info herausgegeben, dass der Körper Aluminium über die Haut nur in ganz geringen Mengen aufnehmen kann, und somit keine Gefahr von Aluminium im Deo ausgeht. Hier wurden die wissenschaftlichen „Erkenntnisse", die zuvor mit voller Vehemenz publiziert wurden, nachweislich widerlegt. Fröhlich verkündeten plötzlich exakt die selben Massenmedien, die uns vorher erst unüberlegt in die Hysterie getrieben hatten, dass Aluminium kein Problem sei. Gleiches gilt für Thesen zum Cholesterin. In den 80er Jahren war sich die Wissenschaft absolut sicher, dass das Essen von Ei den Cholesterinspiegel stark anhebt. Über Jahrzehnte haben Wissenschaftler und Ärzte den Menschen gesagt, sie sollen sich beim Verzehr von Eiern einschränken, was diese auch brav gemacht haben. Nur, um dann 20 Jahre später mit hochgezogenen Schultern zu verkünden, dass es doch nicht gestimmt hatte. Die Wissenschaft war sich auch absolut sicher, das kleinste Teil im Universum wäre das Molekül. Bis man erkannt hat, dass es aus Atomen besteht. Als man das jahrzehntelang als gesichert betrachtet hatte, entdeckte jemand Neutronen und Protonen – im Atom. Heute wissen wir, dass auch diese nicht das Kleinste sind, sondern aktuell glaubt man an die Higgs-Boson-Teilchen. Aber auch nur so lange, bis jemand diese Teilchen seziert und herausfindet was dort drinsteckt. Aber so lange sind wir uns erst einmal wieder todsicher – ist ja Wissenschaft.

Das sind lediglich die Fälle in der Wissenschaft, welche offensichtlich revidiert wurden. Was ist mit all den Ereignissen, in denen sie erst ein Riesentheater gemacht hat, um dann stillschweigend die Informationsflut einzustellen? Da wurden Themen hochstilisiert und dann einfach nicht mehr weiter erwähnt. Ich zähle da gerne mal Acrylamid, Weichmacher in chinesischem Spielzeug, Kokainrückstände auf Geldnoten, Fäkalbakterien in Smoothies auf. Was ist damit? Wenn es so wissenschaftlich eindeutig war, warum ist dies alles komplett in der Versenkung verschwunden? So dringlich und wichtig, wie es damals war, müsste es doch heute auch noch sein?

Der Punkt, auf den man hier unbedingt genauer schauen muss, ist die Art und Weise, mit der Wissenschaft uns von oben herab belehrt und uns mit einer, nicht immer gerechtfertigten, Arroganz versucht, Dinge zu erklären, die sie selbst nicht vollumfänglich versteht. Es erscheint aber auch irgendwie logisch, dass diese Überheblichkeit in gewisser Weise auch von unserem Bedürfnis nach Wissenschaft befeuert wird.

Haben Sie noch ein bisschen Geduld mit mir und treiben Sie das Ganze mit mir zusammen ein bisschen weiter auf die Spitze: Was unterscheidet eigentlich einen Wissenschaftler von einem Nicht-Wissenschaftler? Er weiß Dinge, die ein Normalbürger nicht weiß. Aber, weiß er es wirklich oder mutmaßt er nur? Oder erklärt er sich selbst die Welt nicht mit dem, was wirklich bewiesen ist, sondern nur mit dem, was am wahrscheinlichsten erscheint? Ich bin nach dem Motto „Glauben heißt Nichtwissen!" erzogen worden. So könnte ich noch seitenweise über Dinge referieren bei denen sich die Wissenschaft absolut sicher war, und welche doch später zweifelsfrei widerlegt wurden. Man denke nur an die Medizin vor zweihundert Jahren, die sich sicher war, Krankheiten mit Aderlass oder gebohrten Löchern im Kopf behandeln zu können. Unvorstellbar wären heute Stromtherapien um Menschen von Homosexualität zu „heilen". Da waren wirklich hochgradig absurde Dinge dabei, denen die Menschen, wenn manchmal auch nur in Teilen, gefolgt sind. Aber die Wissenschaft war sich damals genauso sicher, wie jene Wissenschaftler, die uns heute versichern, auf was der Klimawandel zurückzuführen wäre. Nicht falsch verstehen, ich zweifle nicht am Klimawandel. So unsäglich, wie wir uns auf dem Planeten benehmen, wäre es unwahrscheinlich, wenn der Mensch nichts damit zu tun hätte. Aber man erinnere sich bitte auch an das, was die „Gelehrten" mit Jesus von Nazareth oder Galileo Galilei angestellt haben, weil auch sie sich damals absolut sicher waren, Recht zu haben. Sehe nur ich da ein sich wiederholendes Muster? Wenn der Wissenschaftler im Prinzip nichts wirklich weiß, sondern auch nur selbstbewusst mutmaßt, was unterscheidet ihn dann vom normalen Mann am Tresen, der beim fünften Weizenbier referiert, wie man die Klimakrise mit einem Stück Faden und einem Kugelschreiber lösen könnte? Ich bin sicher kein Zweifler an der Wissenschaft und stelle grundsätzlich die Wissenschaft auch nicht in Frage. Aber ich vermisse die Demut in der Wissenschaft, wenn diese an den normalen Bürger herantritt. Auch ich profitiere in hohem Maße von ihr in Form von Medikamenten und von Smartphones. Deswegen glaube ich auch an sie. Mir persönlich fehlt an dieser Stelle nur der Schulterblick; das Bewusstsein, dass wir im Prinzip von unserer Welt nur einen Bruchteil verstanden haben, und, dass genau jene Erkenntnis genauso wichtig ist wie die Wissenschaft selbst. Diese Absolutheit, welche sie immer wieder für sich beansprucht, macht es Nicht-Wissenschaftlern unmöglich sie anzuzweifeln. An der Stelle verkommt Wissenschaft leider zum Selbstzweck. Ich bin felsenfest davon überzeugt, dass absolut jeder von uns anzweifelbar und hinterfragbar sein muss. Auch ich. Wenn man mal von der Frage absieht, ob man Wissenschaft hinterfragen darf oder nicht, dann kommt man folgerichtig zur nächsten, offenen Frage: Ab wann ist Wissenschaft überhaupt Wissenschaft? Wenn ich das Wort in seine Bestandteile zerlege, würde ich sagen, kommt das von „Wissen" und „schaffen". Man kann etwas wissen, ohne etwas zu schaffen. Ich kann mir Dinge anlesen, kann Vorträge oder eine Universität besuchen. Das heißt aber noch nicht, dass ich das, was ich gelernt habe, auch hinterfragt oder verifiziert habe. Es kann passieren, dass ich mein ganzes Leben lang das Gelernte lediglich immer wieder und wieder anwende. Soll heißen: Nur, weil jemand Wissen hat, kann er nicht automatisch auch neues Wissen schaffen. Wenn ich die Logik hinter „zwei-plus-zwei-ist-vier" nicht verstanden habe, kann ich dies zwar anwenden, aber spätestens bei „drei-plus-drei-ist-sechs" muss ich leider passen. Denn die Fähigkeit, mir das abzuleiten, hat nichts mit „wissen" sondern mit „verstehen" zu tun. Es ist eine Sache, die Musik von den Beatles virtuos nachzuspielen, weil man an seinem Instrument perfekt ausgebildet wurde, aber es ist eine andere, ob man in der Lage ist, ein Meisterwerk wie „Blackbird" selbst zu komponieren. Wie erkennen wir also, wann Wissenschaft wirklich Wissen schafft? Ich würde behaupten, das können wir nicht. Dazu bräuchten wir ein Bewertungssystem. Das könnte nur jemand leisten, der im „Rang" über der Wissenschaft steht, und dieser Platz scheint aus meiner Sicht unbesetzt zu sein. Wenn eine Autowerkstatt den Fehler an meinem Fahrzeug nicht beheben kann, dann merke ich das und finde diese Werkstatt inkompetent. Wenn der Installateur bei mir war und der Wasserhahn immer noch tropft, ist die Qualität der Arbeitsleistung auch ungenügend. Das sind sicher alles offiziell ausgebildete

Fachkräfte, aber das muss ja nichts heißen. Nur, weil jemand eine Bäckerlehre absolviert hat und in der Theorie weiß, wie man Brötchen bäckt, heißt das nicht, dass sie automatisch gut schmecken. Im Handwerk ist diese unmittelbare Verifizierung durch Handwerkskammern oder die IHK klar geregelt. Aber wie ist es mit der Wissenschaft? Wer bewertet die Wissenschaft? Theoretisch könnten das andere Wissenschaftler. Während der Corona-Pandemie wurde aber schnell deutlich, dass auch das nicht funktioniert. Da kommt es nämlich stark darauf an, wen der Wissenschaftler in seinem Umfeld hat. Wenn sich die Wissenschaftler des Robert-Koch-Instituts, der Helmholtz Universität oder der Charité äußern, wird es nichts bringen, dass sich einzelne Wissenschaftler oder niedergelassene Ärzte kritisch oder konträr positionieren; selbst, wenn diese ihrerseits Kapazitäten auf ihrem Gebiet sind und vielleicht sogar einen Lehrstuhl an einer Universität innehaben. Da wird dann schnell auf fehlende Studien oder Publikationen verwiesen, um die Kompetenz des Kollegen in Zweifel zu ziehen. Dass nicht jede Studie unbedingt korrekt ausgeführt sein muss, wird dabei ausgeblendet. Auf der anderen Seite eine wissenschaftliche Theorie ist nicht automatisch wahr nur weil sie in einer Publikation niedergeschrieben wurde. Auch nicht, wenn sie millionenfach gelesen würde. Dass der sich kritisch äußernde Kollege vielleicht in der Praxis direkt mit der Materie zu tun hat und seine Erfahrungen in der Praxis selbst gemacht hat, ist dann nicht schlagkräftig genug. Ich als Laie weiß auch nicht, wer Recht hat. Aber ich weigere mich generell, mich automatisch auf eine Seite zu schlagen, ohne meine eigenen Gedanken dazu denken zu dürfen. Auch in die viel beschworene Wissenschaft schleichen sich sichtbar Dinge wie Eitelkeit, Neid, Geltungsdrang und Missgunst ein. Somit ist die Wissenschaft mindestens genauso fehlbar, wie wir Menschen selbst.

AM ANFANG WAR DIE SELBSTERKENNTNIS

Mein persönlicher Umgang mit Dingen ist in der Regel eher nüchterner Natur. Ich bin felsenfest davon überzeugt, dass zu viel Emotion in Entscheidungsprozessen oder Analysen eher kontraproduktiv ist. Das ist auch für mich nicht der Zustand den ich als Komfortzone betrachte. Es ist keine Bedingung die mir gefallen muss. Im Gegenteil, oft ist es eine sehr unangenehme Position, zu der ich mich zwingen muss. Aber ich habe gelernt, dass sie zu den besten Ergebnissen führt. Deswegen entscheide ich mich immer wieder bewusst gegen den Komfort hin zu einer nüchternen Sichtweise. Das war es auch, was mich beim Schreiben geleitet hat. Ich betrachte Dinge gerne sachlich, vergleiche Sachverhalte, stelle Dinge einander gegenüber, verstehe Unterschiede, erkenne Parallelen und übergreifende Muster. Das wirkt auf den ersten Blick schwieriger als es ist, aber kann eigentlich jeder.

Offensichtlich scheint der Mensch zu glauben, dass das, was uns vom Tier unterscheidet unser freier Wille ist. Anders, als das von Instinkt geleitete Tier, versteht sich der Mensch als reflektiert. Er denkt, er habe einen freien Willen, und trifft seine Entscheidungen aufgrund der Einbeziehung von Fakten, eigenen Erfahrungen und Emotionen. Fakt ist aber, dass der Mensch in bestimmten Situationen trotzdem völlig anders empfindet, als er rational denkt – weil der Instinkt eben doch eine Rolle spielt. Und das bringt uns Menschen immer wieder in ein Dilemma. Ich gebe gerne ein Beispiel: Eine Löwenmutter denkt nicht wie wir. Wenn sie ein Tier erlegt hat, frisst sie zuerst. Das klingt aus menschlicher Sicht furchtbar egoistisch. Man muss doch zuerst an die Kinder denken, bevor man an sich selbst denkt. Das macht aber sehr wohl auch die Löwenmutter. Sie muss sicherstellen, dass sie stets genügend Energie hat, um jederzeit ihre Kinder verteidigen und auch wieder jagen gehen zu können. In dem sie zuerst an sich denkt, sorgt sie automatisch auch für ihren Nachwuchs. Wenn ich mit meiner Familie beim Essen sitze und auf das letzte Stück Pizza schiele, weiß ich natürlich, dass ich, intellektuell gesehen, möchte, dass meine Lieben zuerst kommen. Trotzdem kann ich meine Enttäuschung vor mir selbst nicht verbergen, wenn das letzte Stück an einen anderen am Tisch ging. Da kämpfen mein Intellekt und mein Instinkt permanent gegeneinander. Gleiches bemerke ich, wenn Kollegen von mir in Aufträgen ersticken, während bei mir gerade wieder geschäftlich Flaute angesagt ist. Mein Charakter möchte es ihnen gönnen und tut es auch. Aber irgendwie spüre ich tief in mir die Eifersucht auf deren Fülle von Aufträgen. Traut man sich das so offen anzusprechen? Ich würde mal sagen, nein. Man hätte schon große Bedenken, in seinem Umfeld offen zu sagen, dass man seinem Kind gerne das Stück Pizza aus der Hand gerissen hätte, um es selbst zu essen. Zwar wusste man sowieso, dass das Kind nur noch zweimal abbeißen und der Rest dann liegen bleiben würde, aber man hat Angst, vor anderen als schlechter Mensch dazustehen. So verbiegt man nicht nur, was man tut, sondern auch das, was man sagt und ab einem bestimmten Punkt sogar das, was man denkt. Zu Beginn meiner Vaterschaft fand ich den Gedanken für mich selbst schrecklich, dass ich meiner Tochter das Stück Pizza neide. Heute lebe ich damit, dass auch diese Emotion in mir steckt.

Aber was fange ich mit der Erkenntnis an, dass ich offenbar von verschiedenen Dingen angetrieben und gesteuert bin? Ich versuche einfach, mich zu verstehen. Ich versuche, herauszufinden wovon ich wirklich von innen heraus angetrieben bin, und wodurch ich von außen zurechtgebogen werde.

EINE NEUE
DISKUSSIONSKULTUR?

Sich selbst zu verstehen, ist natürlich als erster Schritt unumgänglich. Aber verstehe ich dadurch auch automatisch, was in meinem Umfeld vor sich geht? Wer mit offenen Augen durch die Welt geht, stellt zweifellos immer wieder fest, dass in unserer Gesellschaft einige, merkwürdige Eigenheiten den Einzug in unser alltägliches Leben gefunden haben. Viele davon bringen mich eigentlich eher zum Schmunzeln, als, dass ich sie als gesellschaftliche Verfehlung einstufen müsste. Bei der persönlichen Meinungsbildung hat sich aber tatsächlich einiges zum Negativen verändert. Das stelle ich speziell in Unterhaltungen fest, die sich um, durch die Medien regelrecht hochstilisierte, Themen drehen, wie z. B. Klima, Ernährung, Migration oder aktuell auch Corona. In den meisten Fällen ist es so, dass ich die eigentliche Diskussion in der Gruppe erst einmal still verfolge und mich gar nicht äußere. Mir ist dabei schon klar, dass meine Passivität in einer Unterhaltung, die gerade Fahrt aufnimmt, eine seltsame Teilung der Dynamik mit sich bringt. So mancher in der Runde findet sich davon scheinbar so herausgefordert, dass deren Blicke, während sie ihre Ausführungen machen, immer wieder fordernd zu mir wandern. Als wollten sie mir sagen: „Was ist eigentlich mit dir? Warum reagierst du nicht auf das, was ich sage?". So sehr ich mich auch aus dem Gespräch heraushalten möchte – weil ich weiß, dass ich lieber meine Zunge zerkauen würde, als den Leuten nach dem Mund zu reden – so schwer ist es oftmals, weiter den Schweigsamen zu geben. Das spornt die Redner im weiteren Verlauf so an, dass diese in ihrer Argumentation noch mehr Gas geben selbst, wenn lediglich bereits Gesagtes nur mit etwas mehr Nachdruck wiederholt wird. Ab einem bestimmten Punkt gibt es dann bei mir kein Halten mehr, obwohl bereits an dieser Stelle vorhersehbar ist, dass im weiteren Verlauf vermutlich die Stimmung kippen wird. Denn leider ist es so, dass die Diskussion nicht wirklich eine Diskussion ist. Wäre es eine, würde man versuchen, zu einem Thema verschiedene Blickwinkel und Sichtweisen anzuhören, damit jeder in der Runde eine, oder mehrere andere, Sichtweisen kennenlernt. So wie ich das aber immer wieder erlebe, dreht sich alles eher um Vorträge. Unterhaltungen werden oft als Forum für das Veröffentlichen der eigenen Anschauung betrachtet. Somit wäre eine gegensätzliche Meinung eher ein Störfaktor als eine Bereicherung. Denn, was der Vorredner eigentlich sucht und erwartet, ist Zuspruch. Vielleicht auch eine Art Rückversicherung, ob sein Glaube in die allgemein gültige Meinung der richtige Weg für ihn ist? Da bin ich mir bei manchen Leuten nicht so sicher. In diesem Moment hat er aber noch keinen Schimmer, ob er bei seinem Gegenüber – mir – offene Türen einrennt oder, ob er gerade in einen Ventilator pinkelt. Wenn man im weiteren Verlauf der Diskussion zunehmend oder vehement widerspricht, offenbart sich, dass seine Meinung doch bereits zementiert ist, und derjenige eigentlich gerne weiter referieren würde. Er ist auch eigentlich gar nicht im Zuhör-Modus. In seiner unermesslichen Güte gesteht er mir zwar doch Redezeit zu, nutzt diese aber nicht um mir zuzuhören, sondern um in seinem Kopf bereits seinen nächsten Redeblock vorzubereiten, und hofft, dass ich bald zum Ende komme. Wenn ich dann endlich fertig damit bin, ihm deutlich zu widersprechen – für ihn im schlimmsten Fall so deutlich, dass es für andere sogar nachvollziehbar ist –

hat er von dem, was ich gesagt habe, nur Bruchstücke aufnehmen können. Das erkenne ich im Rückschluss an seiner weiteren Argumentation. Ab hier merkt man aber, wie mein Gegenüber verbal eine Schippe drauflegt. Seine Argumentation schwenkt um auf eine andere Strategie. Er fängt an, suggestive Fangfragen zu stellen und versucht, mir bestimmte Bekenntnisse abzuringen. Seine Fangfragen leitet er von dem flüchtig wahrgenommenen Teil meiner Ausführungen ab und verdreht oder pervertiert meine Aussage. Damit kann er mich entweder dazu bewegen, ihm doch zuzustimmen, in dem ich mich von meinem Gesagten distanziere, oder mich damit in eine Ecke zu stellen, in der mein Statement der massen- oder medienkompatiblen Meinung derb widerspricht. Durch diese Aggressivität verändert sich das Gespräch aber in eine sehr polarisierte Richtung; ab hier gibt es nämlich nur noch ein Für- oder Gegen-ihn. Beim Warten darauf, wo ich mich einordne, blickt er sich in der Runde um und versucht, Blicke und Zustimmung der anderen für sich und sein Vorgehen – für mich sichtbar – einzusammeln, um bei mir den Druck weiter zu erhöhen. Wenn der Versuch, mich auf die eigene Seite zu ziehen, fehlgeschlagen ist und ich mich für meine kontroverse Sichtweise auch nicht mit schlechtem Gewissen belegen lasse, wechselt erneut die Strategie. Anstatt meine Argumentation zu widerlegen, schwenkt er auf „subtile" Körpersprache um. Da werden die Augen gerollt oder man seufzt kurz mitleidig auf. Zwar ist das ein argumentativ wenig nachhaltiger Spielzug, aber brillant in seiner Wirkung, weil er einem das Gefühl geben soll, dass man den Boden des gesellschaftlichen Diskurses längst verlassen hätte. Manche haben das so gut drauf, dass es ihnen wirklich Momentum bringt und man tatsächlich einen Augenblick braucht um seine Linie wieder zu finden.

Das alles zeigt deutlich, dass wir mittlerweile eine Gesprächskultur haben in der wir nicht miteinander sprechen, sondern gegeneinander argumentieren. Das mag für viele keinen Unterschied machen, was vielleicht auch der Grund ist, warum viele das auch genau auf diese Weise weiterführen würden. Aber der Unterschied liegt in der Gesprächsbereitschaft und der Offenheit dem anderen gegenüber; ob ich mich unterhalte, um zu erfahren, was mein Gesprächspartner denkt, oder, ob ich ein Gespräch dazu missbrauche, dem Gegenüber um jeden Preis meine Sichtweise aufzudrängen. Ich habe keine Ahnung, wo dieses Verhalten herrührt, aber ich habe aber mehrere Theorien dazu. Wenn man unter Zuhören nicht nur Nicken und „Ja Ja-Sagen" versteht, sondern das gesprochene Wort auch mit der Mimik, der Körperhaltung und dem Klang in der Stimme wahrnimmt, dann wird man immer in kleinen, nebenbei gesagten Bemerkungen den Subtext heraushören. Und der offenbart oft ungewollt tausendmal mehr als die konstruierten und polierten Vorträge. Da geben Menschen dann einen richtig tiefen Einblick in das, was sie wirklich denken, aber nie offen aussprechen könnten. Man bekommt fast schon den Eindruck, dass es ihre unterbewusste Methode ist, andere Menschen dazu zu bewegen, für sie die Mainstream-Meinung zu verlassen, um für sie das Unaussprechbare auszusprechen. Eine andere Theorie wäre, dass eine eigene Meinung nie gebildet wurde, weil das über den Mainstream oder das Feuilleton bereits geschehen ist: Wenn Politik, Massenmedien und Prominenz eine bestimmte Meinung immer wieder und wieder runterbeten, muss da ja was dran sein. Und Menschen mit anderen Ansichten müssen dann ja im Umkehrschluss falsch liegen. Fehlende Belastbarkeit des eigenen Egos, andere Meinungen anzuhören, zu akzeptieren und auch stehenlassen zu können – auch wenn man diese nicht unbedingt teilt – ist unglücklicherweise abhanden gekommen.

NATUR UND
IN DER WAHRNEHMUNG

Wie bereits erwähnt, nehmen wir Dinge selten absolut, sondern eher relativ wahr. Das liegt daran, dass in unserer Welt im Prinzip nichts ohne Gegensatz existiert. Wir erkennen, dass etwas kalt ist, weil wir gelernt haben, wie sich *warm* anfühlt. Wir wissen was *klein* ist, wenn mal vor etwas Großem gestanden sind. Wir verstehen, was wahre Freude ist, wenn wir auch einmal zutiefst traurig waren. Es ist dabei aber nicht so, dass wir dadurch nur Traurigkeit verstehen. Sie hilft uns auch dabei, Freude besser zu verstehen und im emotionalen Spektrum einzuordnen. Genauso ist es auch mit *hell* und *dunkel*. Wenn ich lange in einem dunklen Raum versucht habe, etwas zu lesen und dann ins Freie gehe, stelle ich fest, wie leicht das im Hellen wieder geht. Selbiges gilt für *laut* und *leise*; für *Nord* und *Süd*. Gäbe es nur *hell, hoch, laut,* oder *warm,* wären diese Zustände quasi bedeutungslos, da sie den jeweils einzig möglichen Zustand darstellen würden. Das wirft auch philosophische Fragen auf: Wenn alle Menschen eine Körpergröße von zwei Metern hätten, wären sie dann groß oder klein?

Zueinander wäre Größe dann bedeutungslos, also weder *groß* noch *klein*. Aber nur bis zu dem Zeitpunkt, an dem sie wiederum vor einem Berg stünden. Dann wären sie plötzlich klein, weil der Berg ein Referenzpunkt ist. Durch solche Vergleiche lernen wir von frühester Kindheit an wie unsere Welt beschaffen ist, um uns in unserem Lebensraum orientieren zu können. Wir müssen zudem unbedingt unterscheiden zwischen Emotion, Impuls, Aktion und Effekt und, wie es dabei mit der damit verbundenen Kontrolle und Verantwortung aussieht. Haben wir Kontrolle über unsere Gefühle? Sind wir verantwortlich für unsere Gefühle? Haben wir Kontrolle über unsere Handlungen? Sind wir verantwortlich für das was wir tun? Das sind alles Fragen, die dringend geklärt werden müssen. Dass wir für unsere Handlungen verantwortlich sind, darüber müssen wir sicherlich nicht mehr diskutieren. Wir wissen, dass es so ist. Aber was ist mit der Verantwortung für unsere Gefühle? Was ist mit der Privatsphäre für unsere Gefühle? Geht es jemanden überhaupt etwas an, was ich fühle, egal was das ist? Muss ich mich rechtfertigen für meine Gefühle oder gar das, was ich denke?

Da Gefühle meines Erachtens nach das erste Glied in der Kette sind, werden wir diese zuerst definieren müssen. Grundsätzlich sind sie reine Privatsache. Sie sind Teil unseres Bewusstseins und finden in uns statt. Ich kann fühlen, ohne dass ich ein Wort sagen muss, und ich muss theoretisch auch keine Miene verziehen. Das heißt, Gefühle passieren im privatesten aller Räume; in mir. Wenn ich es niemandem erzähle, erfährt nie jemand, was genau in mir vorgeht. Darüber, dass ich eine bestimmte Emotion fühle, habe ich keine Kontrolle. Ich kann nichts dafür, dass mich ein Witz zum Lachen bringt. Ich kann nichts dafür, dass ich mich verliebe. Ich kann auch nichts daran ändern, dass es mich traurig macht, dass mir ein geliebter Mensch wegstirbt. Ich kann auch nichts dafür, dass ich die Farbe *Blau* mag und die Farbe *Gelb* nicht ausstehen kann. Daran sieht man, unser Einfluss auf unsere Gefühle ist relativ begrenzt. Das heißt aber nicht, dass unsere Emotionen willkürlich passieren. Ich finde einen Witz lustig, weil er eventuell eine mir bekannte Situation aus meinem Leben parodiert, mit der ich mich identifizieren kann. Ich verliebe mich in einen Menschen, weil dieser mit mir auf einer Wellenlänge ist. Ich bin traurig über den Verlust eines Menschen, weil er gut zu mir war und mir seine Nähe fehlen wird. Aber bedeutet das, dass ich es kontrollieren kann? Kann ich aktiv darauf Einfluss nehmen, dass ich jemanden absolut nicht leiden kann, wenn dieser mich ständig schikaniert? Unwahrscheinlich.

Aber was kommt nach der Emotion? Was unmittelbar folgt, ist ein Impuls. Wenn ich auf jemanden wütend bin, kann es passieren, dass ich den Impuls verspüre dieser Person in irgendeiner Form weh zu tun. Das kann körperlich sein, in dem ich die Person schlagen will, ich ihr etwas kaputt machen möchte oder ich diesem Menschen übel nachrede. Kann ich etwas für diesen Impuls? Unwahrscheinlich. Aber ab hier wechseln wir in unser aktives Bewusstsein. Denn ab hier beginne ich, aktiv über Maßnahmen nachzudenken. Schlage ich die Person nun wirklich oder lasse ich es lieber?

Darf ich über so etwas überhaupt nachdenken? Selbstverständlich darf ich das. Denn alles, was ich mir überlege findet in meinem Kopf statt und ist meine Privatsache. In meinem Kopf kann ich Luftschlösser bauen, ein Geldbad nehmen oder zum Mond fliegen. In meiner Vorstellung hatte Til Schweiger übrigens bereits mehrmals eine blutige Lippe. Aber ab hier geht's direkt über zur Aktion. Und nun kann ich mich nicht mehr rausreden, dass es lediglich Emotionen oder Impulse sind, die ich nicht kontrollieren kann. Jetzt werde ich wirklich aktiv und hätte in der Tat viele Möglichkeiten, zu agieren. Ich könnte mich z. B. jemandem anvertrauen, ich könnte die betreffende Person zur Rede stellen und meinen Unmut aussprechen oder sie schlagen. Ich könnte aber auch den Kontakt zu diesem Menschen komplett abbrechen. Jede dieser Aktionen wird einen anderen Effekt haben mit völlig unterschiedlichen Konsequenzen. Habe ich darauf Einfluss? Ja, das habe ich. Ich kann meine Handlungen ganz klar kontrollieren, denn ich muss mir in der Phase des Impulses zu jeder Aktion auch die entsprechenden Konsequenzen vor Augen führen. Für meine Handlungen bin ich vollumfänglich verantwortlich. Sobald auf eine Emotion und einen Impuls eine Aktion folgt, bin ich bewusst aktiv geworden, und da habe ich in der Tat immer eine Wahl!

Aber wie passt jetzt noch der Begriff *Ideologie* ins Bild, und wie ist er zu *Emotion, Impuls, Aktion* und *Effekt* zu verorten? In welchem Verhältnis steht die Ideologie dazu? Es ist anzunehmen, dass sich Emotionen nicht zufällig ergeben, sondern mit unseren Erfahrungen in Verbindung stehen. Wir mögen eine bestimmte Speise, weil wir diese probiert und sie uns geschmeckt hat. Wir sind vielleicht schon mehrmals in Dornen gelaufen und haben uns dabei sehr weh getan, weswegen wir eine Abneigung dagegen haben. *Ideologie* ist dazu das krasse Gegenteil. *Ideologie* ist eine fertige Anschauung einer Person oder Personengruppe, die in sich definiert überliefert oder dokumentiert ist. Sie ist somit erzählbar oder nachlesbar – erfahrbar. Der Weg in die Ideologie setzt keine eigenen inhaltlichen Erfahrungen voraus. Der Einstieg kann durch die Bewunderung für einflussreiche Persönlichkeiten aus der Szene, Gruppenzwang im Freundeskreis oder die Sozialisierung geschehen. Personen aus der entsprechenden Szene sind oft engagiert bei der Sache und verstehen sich darauf, jemanden *umzudrehen*. Labile Menschen können schnell davon überzeugt werden, dass die Ideologie der einzig richtige Weg sei „das Problem" zu lösen. Ideologien in Sektenform haben hierzu regelrechte Strategien die sich über Jahrzehnte als außerordentlich effektiv erwiesen haben.

Aber warum sollte dies das Gegenteil von Emotionen sein? Ganz einfach, weil sie eben davon leben nicht hinterfragt zu werden. Würden die Anhänger anfangen, diese zu hinterfragen, dann stiege die Wahrscheinlichkeit, dass sie zahllose Argumente gegen diese Weltanschauung finden würden. Man denke mal an das Dritte Reich. Die Nationalsozialisten hatten kein Interesse daran, dass die Bevölkerung ihre eigenen Erfahrungen mit Juden als Referenzpunkt gegen die Ideologie stellt. Die Nazis wollten, dass das Volk der Ideologie bedingungslos folgt. Deshalb sind solche Ideologien oftmals auch sehr detailreich ausgeschmückt und geben auf viele vermeintliche Fragen einfache und nachvollziehbare Antworten. Nachdenken ist nicht notwendig – alle Antworten sind schon bereitgestellt. Die Brutalität der Nazis war sicher der nötige Nachdruck, dass sich dem kaum jemand getraut hatte, zu widersprechen. Ab einem bestimmten Punkt spielte es keine Rolle mehr, ob die Treue zur Ideologie durch inhaltliche Überzeugung oder blanke Furcht bestehen blieb oder zustande kam.

Je nachdem, wie stark die Ideologie ist, ist sie sogar in der Lage lauter zu sein als die eigenen Prinzipien oder das Gewissen, denn sie ist eine Form der Gehirnwäsche. Im Nationalsozialismus wurden unmenschliche Dinge nach deren Verständnis so eingeordnet, dass diese über die perfide Weltanschauung sogar gerechtfertigt wurden. Da haben Menschen, die an dieser Ideologie festgehalten haben, Gräueltaten vollbracht zu denen sie ansonsten nicht im Stande gewesen wären. Die Abwägung von Falsch oder Richtig hat ihnen die

Ideologie auch abgenommen und auch gleich die Absolution für so manche Tat erteilt, in dem man den Leuten das Gefühl gegeben hat, „Das Richtige" getan zu haben. Viele Deutsche haben sich nach dem Zweiten Weltkrieg von ihren Taten distanziert, weil ihnen nach der Kapitulation von den Siegermächten vor Augen geführt wurde, zu was sie da eigentlich verführt wurden. Ab da haben bei vielen wieder das eigenständige Denken und eigene Emotionen eingesetzt und es fand nun eine eigene Bewertung der Situation statt. Diese Schuld konnten viele bis zu ihrem Lebensende nicht mehr verarbeiten. Das liegt maßgeblich daran, dass die Partizipation an einer Ideologie weder eine Emotion noch ein Impuls ist. Das ist eine freie Entscheidung mit allen Konsequenzen. Dies dann zu realisieren, kann niederschmetternd sein.

AUF DER
SUCHE NACH DER
RICHTIGEN FRAGE

Als Menschen sind wir permanent auf der Suche nach Antworten oder Erklärungen. Wir müssen bei allem herausfinden, wie es funktioniert und immer hinter die Kulissen sehen. Wir können einen Zaubertrick nicht einfach genießen. Wir müssen die Mechanik dahinter sehen können. Wir ordnen gerne Dinge ein, wissen gerne wo sie sind, damit wir sie wiederfinden können. So unterteilen wir uns irgendwie auch die Welt in *Gut* und *Böse, Freund* und *Feind, Freud* und *Leid.* Unglücklicherweise sind wir bei dieser zwanghaften Suche nach Antworten aber verdammt schlechte Fragesteller. Denn es wird in vielen Bereichen der Gesellschaft offenbar, dass wir uns mit Antworten zufriedengeben, auch wenn deren „Qualität" oftmals mehr als fragwürdig ist. Man kann oft an der Qualität der Antwort ablesen, wie unzureichend die Frage gewesen sein muss. So muss das vermutlich auch beim *Bösen* passiert sein. Wir wollen stets wissen, wo *das Böse* ist, damit wir ihm aus dem Weg gehen können. Also musste es irgendwo eingeordnet werden. Ich denke für eine dieser halb garen Antwortversuche sollte wohl irgendwann einmal das Wort *Hass* herhalten. *Hass = Böse.*

Aber sind Emotionen überhaupt so einfach zu kategorisieren? Augenscheinlich würde man Freude und Liebe auf der positiven Seite, Hass, Wut und Eifersucht auf der negativen Seite einordnen. Das würde bedeuten, dass aus einer positiven Emotion auch nur Gutes und aus einer negativen nur Negatives erwachsen könne. Kann das so stimmen? Was ist, wenn jemand so unverhältnismäßig stark liebt, dass daraus wiederum krankhafte Eifersucht wird und dadurch eine Beziehung zerbricht? Was, wenn Wut über eine Sache der Motivator für eine Idee zu einer positiven Lösung eines Problems wird? Je mehr wir uns mit dem Thema beschäftigen, desto mehr dieser paradoxen Situationen würden wir entdecken und desto weniger einfach wäre es, über eine Emotion ein Pauschalurteil zu fällen.

Dem Wort *Hass* wird aber durch Pauschalurteile in unserer Gesellschaft eine viel zu große Bedeutung beigemessen und es wird allerlei Mystisches hineininterpretiert. Ich denke, wenn man hundert Menschen zu dem Wort *Hass* befragen würde, hätte kaum jemand etwas Positives zu berichten. Aber ist es die einzige negativ behaftete Emotion? Wie sieht es mit Wut aus? Stellen sich da bei uns auch gleich alle Haare im Nacken auf? Wenn man einmal darüber nachdenkt, wäre Hass sogar eine wesentlich besser reflektierte Emotion als beispielsweise Wut. Denn Hass braucht Zeit. Deshalb werden auch mehr Morde aus Wut heraus begangen. Denn im Gegensatz zu Hass ist Wut eine relativ schnell, sehr stark aufflammende Emotion, bei der in bestimmten Situationen nur wenig oder keine Impulskontrolle besteht. Trotzdem ist Hass der unangefochtene Bösewicht unter den Emotionen. Mehr als das sogar, Hass ist tabu. Jegliche Diskussion über Hass ist im öffentlichen Diskurs schwierig und Hass ist nicht zu hinterfragen, sondern auf jeden Fall offiziell immer abzulehnen. Keiner kann lapidar sagen: „Hass? Find ich voll gut. Ich hasse grad aktuell...". Aber ist dieses negative Image gerechtfertigt oder werden wir dem Hass an dieser Stelle nicht gerecht? Wir hören in den Medien Begriffe wie *Hassverbrechen*,

Rassenhass, Hass auf Juden. Wir machen den Fernseher an und sehen glatzköpfige Menschen, die bei rechten Demos fremdenfeindliche Parolen brüllen, und der Kommentator spricht wieder von *Hass.* Wir sehen brennende Häuser von Migranten und ermordete türkische Blumenhändler. Aber was genau sehen wir da wirklich? Ist das wirklich Hass oder haben wir in unserer Gesellschaft kollektiv Äpfel mit Birnen vermischt? Vermengen wir nicht einfach nur *Hass* mit *Gewalt?*

Wenn sich *warm* und *kalt, hoch* und *tief, laut* und *leise* gegenüberstehen, dann stehen sich auch *Liebe* und *Hass* gegenüber. *Hass* ist also grundsätzlich erst einmal eine reine Emotion nichts weiter. Ich kann Pilze, regnerische Tage und auch Menschen hassen. Grundsätzlich ist das lediglich eine Emotion, die mit irgendwelchen Erfahrungen aus unserem Leben zu tun hat. Es kann sein, dass ich einmal Pilze gegessen habe und den Geschmack furchtbar fand, dass ich mehrmals im Regen triefnass wurde oder eine Person in meinem Umfeld ist, die mich oder andere Menschen unfair behandelt. Das können Ursachen sein. Wie bereits festgestellt, findet das alles in meinem privatesten Raum statt – in meinem Kopf. Das darf da auch stattfinden, denn keiner – weder eine andere Person noch der Staat hat etwas in meinem Kopf verloren. Also kann mir auch keiner verbieten zu hassen. Auch den darauffolgenden Impuls kann ich nicht steuern. Ich möchte im Wald alle Pilze zertreten, ich möchte mich an Regentagen kategorisch zu Hause einsperren und jedes Mal, wenn ich den Unmenschen sehe, könnte ich ihm den Hals umdrehen. Für diesen Impuls kann ich auch nichts. Aber direkt nach dem Impuls muss mein Verstand einsetzen und da bin ich doch über die Emotion weit hinaus. Ich bin schon am Impuls vorbei direkt bei der Aktion. Und die kann ich sehr wohl steuern.

Auf keine Emotion muss zwangsläufig eine Aktion folgen. Es obliegt uns als denkende Individuen, unsere Handlungen zu jedem Zeitpunkt zu kontrollieren. Unsere Verfassung gibt uns hierzu auch einen Rahmen, an dem wir unser Tun orientieren und bewerten können. Spätestens hier muss uns klar sein, was unser Handeln – unsere Aktion – für einen Effekt auf uns und andere hat. Bei schlechter Impulskontrolle kann eine vermeintlich unscheinbare Aktion einen großen Effekt auf uns und unser Gegenüber haben und die damit verbundenen Konsequenzen könnten für uns weitreichend sein.

Aber ich möchte weiter auf der Frage herumreiten, ob der Glatzkopf, der bei der Rechtsdemo mitläuft und seine rot-schwarze Fahne schwenkt, wirklich seine Entscheidung, dort mitzumachen, bewusst getroffen hat, weil er hasserfüllt ist? Hat er wirklich seine eigenen Erfahrungen mit Migranten gemacht, die zu eigenen Emotionen, einem Denkprozess und dann zu einer rechten Gesinnung geführt haben? Zum Thema „eigene Erfahrungen" kann man hier anführen, dass im Osten Deutschlands die rechten Gruppierungen hohen Zuspruch haben, obwohl dort weniger Migranten leben als im Westen. Wo sind dann da die Erfahrungen gemacht worden? Das nur mal als Denkanstoß. Also noch einmal: Hatte dieser Glatzenträger wirklich eigene schlechte Erfahrungen mit Migranten gemacht, konnte dann dem Impuls nicht widerstehen und ging anschließend zur Aktion über? Ich denke, wenn man die Situation nüchtern betrachtet, zeichnet sich ein ganz anderes und auch eindeutiges Bild: Das Benutzen von einschlägigen Symbolen aus der rechten Szene, der typische Kleidungsstil, das Hören von rechter Musik spricht eigentlich eher für eine Gleichschaltung der Gesinnung durch eine Ideologie. Spätestens, wenn man diesen Menschen beim Reden zuhört, entlarvt man schnell das phrasenhafte

Geschwätz ohne jeglichen Tiefgang und merkt, dass dort so gut wie keine originellen Gedanken dahinterstecken. Weil es auch kaum bis keine, eigenen Erfahrungen gibt. Fragen, die tiefer gehen als das typische, bei der Rekrutierung gelernte, *Rassen-Blah-Blah,* können von den normalen Mitläufern in der Regel nicht beantwortet werden. Weil man nur die Standardantworten kennt, mit denen man rekrutiert wurde. Was hat das also mit Hass zu tun? Nichts. Absolut nichts. Bitte nicht falsch verstehen. Ich finde das, was auf rechten Demos passiert, deswegen nicht weniger unsäglich. Aber ich finde, die Begrifflichkeiten sollten unbedingt korrekt eingeordnet werden um eine korrekte Bewertung der Geschehnisse treffen zu können. Wenn mein Auto nicht fährt, weil die Ölpumpe kaputt ist, nützt es nichts, wenn ich immer wieder an der Antriebswelle herumdoktere. Ich muss herausfinden wo der Fehler wirklich liegt.

Aber warum hält die Öffentlichkeit das dann trotzdem für *Hass*? Es fehlt einfach seit Jahrzehnten der offene Diskurs über *Hass* – unbefangen und objektiv. Da dieser seit Jahrzehnten nicht stattfindet, wurde dieses Unvermögen, über *Hass* zu diskutieren, auch von Generation zu Generation weitergegeben. Die heutigen Jugendlichen diskutieren da schlichtweg nicht objektiv darüber. Von ihnen hört man zu diesem Thema oft nur den Schulunterricht-Wortlaut; und der ist politisch korrekt. Es genügt unserer Gesellschaft seit langem, dass man alles, was aus dieser Ecke kommt, mit dem Prädikat *Hass* versieht. *Hass, Gewalt* und *Ideologie* sind für viele ein und dasselbe. Diese Worte werden quasi als Synonyme verwendet. Solche Vermischungen sind kein spezifisches Phänomen. Wir haben in unserem Sprachgebrauch einige Dinge, die wir immer wieder falsch benutzen, z. B. bei unserem Körpergewicht. Wir messen unser Gewicht in der Einheit Kilogramm. Das ist aber nicht die Maßeinheit für

Gewicht, sondern für *Masse*. Trotzdem sagt im Sprachgebrauch jeder von uns *Körpergewicht* dazu und nicht *Masse*. Das wäre eigentlich leicht zu ändern aber die Gesellschaft mag das einfach nicht. Das wird munter so weiter überliefert. Da dieser Fehler so marginal ist, macht es wenig Sinn, darauf herumzureiten, denn eigentlich hat es in unserem Leben keine Auswirkung. Aber die Themen *Hass, Gewalt* und *Ideologie* hätten schon eine andere Tragweite.

Wenn wir schon dabei sind: Wie passen Amokläufer ins Bild? Folgen sie einer Ideologie oder verspüren diese eher Wut? Ich denke, bei Amokläufern ist der treibende Kern tatsächlich Hass. Die Ursache mag ein, beim Täter zugrundeliegender, Minderwertigkeitskomplex, gepaart mit sozialen Problemen im privaten oder beruflichen Umfeld, sein. Ihm können eine oder mehrere Personen so unter die Haut gehen, dass sich gegen diese regelrechter Hass entwickelt. Da keimt dann aber keine Affekt-Tat auf, sondern nach dem Impuls, diesen Personen Schaden zu wollen, wird ein ausgeklügelter Plan geschmiedet. Da wird dann sicher nicht nur die Aktion geplant, sondern es werden auch die Effekte und Konsequenzen in die Denkprozesse mit einbezogen. Alles in vollem Bewusstsein. Das wäre in der Tat ein echtes Hassverbrechen. Ganz im Gegensatz zu rechter Gewalt, wo der Rahmen von der Ideologie vorgegeben wird, entspringt beim Amoklauf alles aus eigenem Antrieb; mit eigenen Emotionen und ganz individuellem Hass. Aber, da bei echtem Hass ein langer Denkprozess folgt, gibt es auch nicht so viele Amokläufe wie es andere Gewaltverbrechen gibt. Das könnte daran liegen, dass in dem ausgedehnten Denkprozess das Bewusstwerden der Konsequenzen eine gute Exit-Strategie darstellt. Leider hat sie nicht bei jedem funktioniert. Das kann aber wiederum auch psychische Ursachen haben.

Aber den Gewalttaten aus Hass, könnte man fairerweise auch die Verbrechen aus Liebe gegenüberstellen. Menschen, die ihre gesamte Familie ausgelöscht haben, haben das aus ihrer Sicht aus Liebe getan. Es wurde nachgewiesen, dass diese Täter aus einer starken, psychischen Störung heraus ein verschobenes Weltbild hatten. Ihre eigene Situation erschien ihnen so ausweglos, dass sie diese für ihre Familie als genauso ausweglos bewertet hatten und diese in den Tod mitgenommen haben, um ihnen weiteres Leid zu ersparen. Wer kann sich nun ein Urteil erlauben, ob dies weniger schlimm ist als ein Amoklauf aus Hass? Wenn bei einem Amokläufer im Laufe der Planung das Gewissen nicht einsetzt, um aus der Spirale herauszukommen, muss auch hier eine tiefe, psychische Störung vorliegen. Also hat das auch nicht ausschließlich mit *Hass* zu tun, wenn bei Millionen von Menschen, die von Zeit zu Zeit *Hass* verspüren, die Impulskontrolle gut funktioniert. Bei Chris Benoit, der 2007 erst seine Familie und danach sich getötet hatte, wurde bei der anschließenden Autopsie eine Demenz durch dauerhaften Steroid-Missbrauch diagnostiziert. Ich denke, im Falle des Attentäters von Norwegen ist die Situation noch weitaus komplexer, da dies eine Mischung aus Ideologie, Hass und Amoklauf gewesen ist. Es ist trotzdem unwahrscheinlich, dass so ein umfangreiches Verbrechen ohne seine antisoziale Persönlichkeitsstörung möglich gewesen wäre. Hier also alleine Hass verantwortlich zu machen, wäre extrem kurz gedacht.

Im öffentlichen Diskurs werden viele dieser Gewalttaten in einen Topf geworfen und als Hassverbrechen bezeichnet. Aber man kann diesen verschiedenen Straftaten nicht mit ein und demselben Rezept begegnen.

DER
UMGANG MIT
UNSERER SPRACHE

ch will den Gedanken aus dem vorigen Kapitel gerne einen Schritt weiter-
denken. Viele Menschen aus akademischen Milieus sprechen seit Jahr und
Tag darüber, dass das verwendete Vokabular der erste Schritt auf dem Weg
zu Gewalt und Ungerechtigkeit wäre. Dem würde ich theoretisch uneingeschränkt zustimmen. Sprache ist ein wahrhaft mächtiges Instrument, das es
auch Menschen wie mir ermöglicht, die eigene Meinung oder Weltanschauung
in aller Präzision ausdrücken zu können.

Wie in einem anderen Kapitel bereits erwähnt, ist unsere Sprache in ständigem Wandel. Neue Wörter kommen hinzu; nicht mehr verwendete Worte
fallen langsam aus dem Sprachgebrauch heraus. Auch kommen neue Wortkonstrukte hinzu, Anglizismen werden von jungen Menschen gerne benutzt
und neue Erfindungen bekommen ohnehin neue Namen, die irgendwann auch
als Synonym für ganze Produktgattungen stehen können. Natürlich ist es auch
nur legitim, auf unsere Sprache zu achten und zu prüfen, ob sich dort Fehl-
entwicklungen offenbaren, denen es dringend entgegenzuwirken gilt. Bis hier
gehe ich wirklich mit. Aber ab hier vertrete ich eine fundamental andere Hal-
tung als der Mainstream. Für mich hat es den Anschein, dass manche Gruppen in unserer Gesellschaft glauben, das Urheberrecht an unserer Sprache zu
haben. Für sie ist es nicht notwendig, dass über Reformen unserer Sprache ein

Konsens gefunden werden muss. Die eigene Moralvorstellung und Weltanschauung sind für diese Menschen Richtschnur genug, um für sich zu entscheiden, was für alle anderen auch richtig oder falsch zu sein hat. Was ihnen dabei aber zu entgehen scheint, ist, dass unsere Sprache uns allen gleichermaßen gehört. Normale Bürger, die sie auch den ganzen Tag benutzen, haben das gleiche Anrecht auf darauf wie Akademiker aus dem Bereich Literatur oder Journalismus. Aber es scheint, dass es schwerer wiegt ein Buch schreiben zu können, als die selbe Sprache am Stammtisch zu benutzen.

Genau diese Überheblichkeit, welche möglicherweise im Laufe der akademischen Ausbildung anerzogen wurde, sorgt für ein gewisses Maß an Ignoranz, worunter die eigene persönliche Fähigkeit zur Reflexion leidet. Wie sonst könnte während der Corona-Pandemie ein so unsäglich respektloses Wort in unserem Sprachgebrauch platziert werden wie „systemrelevant". Augenscheinlich ist es so, dass man dieses Wort „konstruiert" hat, um Krankenschwestern, Polizisten und Lehrern eine zeitaktuelle Form der Anerkennung zu geben. Aber, dass man damit den Rest der Bevölkerung automatisch als „systemunrelevant" einordnet, scheint den Verantwortlichen, während des Klatschens vor dem Krankenhaus, total entgangen zu sein. Man führe sich das einmal vor Augen: Wir alle sind Bestandteil eines Systems, in dem jeder, vom Bankdirektor bis zur Putzkraft, seine Rolle hat. Erst dadurch, wird es zu einem System. An dieser Stelle zu selektieren, wessen Tätigkeit im System wertvoller ist, entbehrt in meinen Augen nicht nur nicht jeglicher Rechtfertigung, sondern ist absolut unangebracht. Ich möchte mal sehen, für wie „relevant" ein Chefarzt einen Installateur hält, wenn auf der Intensivstation die Toiletten für die Ärzte und Schwestern überlaufen. Die Ankunft dieses Handwerkers wird vermutlich, genau wie

Lionel Messis Einlauf im Stadion, bejubelt werden. Aber das Wort „systemrelevant" wird trotzdem munter weiterskandiert. Als die Pandemie in voller Fahrt war, haben sich Krankenschwestern dann klar zu dieser generischen Art von Wertschätzung positioniert, als sie mit Twitter-Posts klargemacht haben, wo genau die Gesellschaft sich ihr Klatschen gerne hinschieben möge, wenn sich in Wahrheit an den Rahmenbedingungen dieser Berufsgruppe nichts zum Positiven verändert. Krankenschwestern haben zwar nicht studiert, aber auch sie verstehen, was ein Schlag ins Gesicht ist.

Also erkennt man, wenn solche Begriffe konstruiert werden, dass die Fähigkeit der Reflexion und des Rückschlussziehens völlig abhandengekommen ist. Ich muss doch nur die Bedeutung des Wortes „systemrelevant" einmal kurz umkehren und erkenne sofort, dass ich an anderer Stelle der Mehrheit der Bevölkerung jedes Mindestmaß an Respekt abspreche. Ich denke, das ist genauso wenig weit hergeholt wie die Beschwerde, dass in der Berufsbezeichnung „Bäcker" das weibliche Geschlecht nicht berücksichtigt wird. Dies wird ja auch erst im Rückschluss deutlich. Somit wird klar, dass die Schwerpunkte für die Gewichtung von jedem Menschen anders gesetzt werden. Grundsätzlich sehe ich das auch nicht als Problem, solange wir uns alle dieser Tatsache bewusst bleiben und anderen Menschen auch zugestehen im Leben andere Prioritäten zu haben. Aber da komme ich wieder auf die eigene Moralvorstellung zurück. Nehme ich diese als absoluten Maßstab für mein Denken und Handeln, geraten die Ansichten und Bedürfnisse anderer für mich schnell ins Hintertreffen. Ich erkenne daran fast schon wieder mehr Handeln aus Instinkt als Handeln aus dem Bewusstsein, denn das ist ein klarer Fall von „Jeder ist sich selbst der Nächste". Und jetzt zeige mir bitte jemand, wo genau der Unterschied zum Tier ist.

Ich verweise hier auch noch einmal auf den ersten Satz des Kapitels. „Menschen aus akademischen Milieus sprechen darüber, dass die verwendete Sprache der erste Schritt auf dem Weg zu Gewalt und Ungerechtigkeit wäre." Wer jetzt gründlich nachgedacht hat, merkt, dass, nur weil ich glaube, mit meinen Worten bewusster und bedachter umzugehen als andere, es nicht bedeutet, dass man damit frei davon ist, bewertend oder beleidigend zu sein. Es mag vielleicht der Vorsatz fehlen. Aber, nur weil ich jemanden unabsichtlich totgefahren habe, heißt das nicht, dass derjenige „angenehmer" gestorben ist.

Unmittelbar mit der Sprache verbunden ist das Zuhören. Im Alltag wird diese Kunst leider extrem unterschätzt. Das Schöne an unserer deutschen Sprache ist die Präzision, die sie uns bietet. Es ist jedes Mal wieder erstaunlich, wie genau man mit unserer Sprache Situationen oder Dinge beschreiben kann; bis ins kleinste Detail. Für Menschen aus dem Ausland klingt unsere Sprache hart und ruppig und wird dafür immer wieder parodiert. Das ist auch ok, aber ich denke, dass sie in Sachen Genauigkeit vielen anderen Sprachen überlegen sein dürfte. Die Präzision, die man im Deutschen in Gesetzestexte, in Lyrik oder in den Wortwitz packen kann ist schier unbegrenzt. Aber wofür ich die Sprache wirklich schätze, ist, dass man sich eigentlich unmissverständlich ausdrücken kann. Was, wie ich finde, für unser Zusammenleben in vielen Fällen nicht nur praktisch sondern auch wichtig ist. Man kann damit seine Meinung mitteilen, seine Bedürfnisse und Wünsche klar formulieren und auch präzise Anweisungen oder Erklärungen geben. Das würde uns helfen, einander besser zu verstehen und könnte Missverständnisse von Vornherein verhindern. Leider geben wir uns beim Formulieren genauso wenig Mühe wie beim Verstehen. Ich stelle immer wieder fest, dass man sich nicht richtig zuhört oder sorgfältig liest. Man kann sein Statement noch so ausgefeilt formulieren, wenn jemand es nur querliest oder nur mit einem Ohr zuhört – aber trotz allem überzeugt ist, alles verstanden zu haben – dann wird das zwangsläufig zu Konflikten führen. Wer jetzt glaubt, dass dies nur im privaten Bereich passiert, täuscht sich gewaltig. Ich beobachte das überall. In unzähligen Talkrunden im öffentlich-rechtlichen Fernsehen reden Politiker oder Wissenschaftler offenkundig aneinander vorbei. In politischen Debatten oder Interviews werden Kollegen falsch zitiert. Manchmal kommt es auch vor, dass Statements bewusst aus dem Kontext gerissen und somit die eigentliche Aussage regelrecht pervertiert wird. Dabei ist nicht immer auf den ersten Blick ersichtlich ob dies aus Unverständnis, Schlampigkeit oder Vorsatz geschieht.

Ich persönlich finde sobald wir uns in einem ernsthaften Diskurs befinden, sind wir es unserem Gegenüber schuldig mit unserer Sprache gewissenhaft umzugehen. Damit meine ich nicht nur, den eigenen Gedanken wasserdicht zu formulieren, sondern dem Gegenüber aufmerksam zuzuhören und genau auf die Formulierung und die Betonung zu achten.

DIE
GESELLSCHAFT
MUSS UMDENKEN!

Um einer Situation begegnen zu können, ist es essenziell, sie genau zu verstehen. Die Mechanismen, die hinter bestimmten Themen und Taten stehen, sind oft sehr komplex und verkettet. Diese Zusammenhänge gründlich zu analysieren, ist maßgeblich dafür, ob man erkennt, wo man ansetzen kann oder nicht. Um beim Rechtsradikalismus zu bleiben: Leider funktioniert das Anwerben in diversen Gruppierungen bis heute und aktuell findet die Regierung keine funktionierenden Konzepte dagegen. Wieso eigentlich? Die Verantwortlichen in Politik, Medien und Kultur müssten doch langsam erkennen, dass sich seit Jahrzehnten nichts geändert hat. Der bislang beschrittene Weg, dies zu verhindern, ist immer wieder gescheitert. Warum denken die Verantwortlichen, dass dieser Weg im zwanzigsten Anlauf plötzlich doch funktioniert? Es braucht neue Konzepte und neue Ansätze. Solange wir beim Rechtsradikalismus stur beim *Hass* nach der Lösung suchen, werden wir nicht erfolgreich sein. Was spricht also dagegen, endlich offen über Hass zu sprechen, so wie wir über Liebe, Traurigkeit und Wut sprechen? Die Lösung wäre, unseren Kindern beizubringen, wie man mit diesem Gefühl *Hass* umgeht. *Hass* ist nicht schlimmer als Wut. Wir alle sprechen mit unseren Kindern über ihre Wut, wenn sie ihre *fünf Minuten* haben und wütend Ihre Sachen durch die Gegend werfen. Wenn man ehrlich ist, jeder von uns verspürt Hass von Zeit zu Zeit. Warum sollten unsere Kinder nicht auch *Hass* verspüren? Schließlich lieben unsere Kinder auch. Glaubt jemand ehrlich, dass unser Nachwuchs nicht mit exakt den selben Emotionen zu kämpfen hat wie wir Erwachsenen? Kinder sind auch nur Menschen. Nur weil wir uns gerne als reflektiert wahrnehmen möchten, gehen wir dem Thema *Hass* aus dem Weg, denn keiner von uns möchte sich als hassendes Wesen begreifen. Aber mit diesem feigen Winkelzug lassen wir unsere Kinder mit einer mächtigen Emotion alleine. Kinder sind alles andere als dumm oder abgestumpft. Sie nehmen auch Dinge wahr, die sie nicht unbedingt bewusst verstehen. Sie lernen soziales Verhalten auch dadurch, dass sie das Verhalten derer imitieren, zu denen sie aufsehen. Wenn sie bei diesen Bezugspersonen feststellen, dass das Thema *Hass* nur über Ächtung behandelt wird, werden sie sich fühlen, als würden sie etwas gravierend falsch machen, wenn sie plötzlich *Hass* verspüren. Wo soll ein Kind dann mit diesem Konflikt hingehen? Wie soll ein Kind damit umgehen, wenn es glaubt, seine Eltern oder Geschwister würden nie *Hass* verspüren, sie selbst aber schon? Man sollte nicht dafür stigmatisiert werden, wenn man sich damit auseinandersetzt – schon gar nicht Kinder. Ich bin mir auch sicher, dass Kinder mit dem Thema wesentlich unbefangener umgehen könnten als wir Erwachsenen. Denn Kinder kennen von sich heraus erst einmal keine Vorurteile. Diese lernen sie von ihren Eltern. Es sind die verklemmten Eltern, die mit dem Thema ein Problem haben. Was denken die Freunde, die Nachbarn, die Kollegen auf Arbeit, wenn sie erfahren, dass ich so offen mit meinem Kind über Hass spreche? Glauben sie ich würde meinem Kind zu Hass raten? Denken dann alle, ich sage meinem Kind, Gewalt wäre ok? Das geschieht nur, wenn ich meinem Kind den Unterschied nicht richtig erkläre und Hass mit Gewalt verwechsle. Diese Furcht, was man wohl als Erwachsener, als Eltern für ein Bild nach außen abgibt, ist für viele ein Schreckgespenst.

Der Erwachsene, der nicht versteht, was ich meinem Kind gerade erklärt habe, bei **dem** ist dann irgendwo auf dem Weg etwas schiefgelaufen!

Ich möchte das noch einmal in aller Deutlichkeit sagen: Ich rede nicht von ideologischen Tiraden aus der rechten Ecke sondern von einer ernsthaften Auseinandersetzung mit einem lange vernachlässigten Thema. Wir müssen uns bewusst machen, dass Ideologien neue Follower rekrutieren, weil sie ihnen erklären, dass sie Hass empfinden würden und die Ideologie die Lösung dazu wäre. Wenn wir unseren Kindern den Unterschied erklären und beibringen, dass das Eine nichts mit dem Anderen zu tun hat, dann würde dies den meisten kruden Verschwörungstheorien und Ideologien den Nährboden entziehen. Denn unsere Kinder wüssten dann exakt, was sie empfinden.

MEINUNG vs. FREIHEIT

Dank unseres Grundgesetzes steht es uns in Deutschland per Gesetz frei unsere Meinung zu äußern. Wenn diese inhaltlich nicht gegen die Grundsätze unserer Verfassung verstößt und auch nicht beleidigend ist, kann uns persönlich nichts passieren, wenn wir uns öffentlich äußern. Das ist ein kolossal wichtiges Grundrecht, für das die Väter unserer Verfassung in deren Vergangenheit einen unfassbar hohen Preis bezahlt hatten. Das verdient mehr Beachtung, indem wir mit diesem Recht nicht so lax umgehen, wie es seit Jahren passiert. Da meine ich nicht nur den privaten Bereich, sondern es geht um viele Bereiche in unserem Kulturkreis z. B. in der Politik, im Journalismus, in der Religion, in der Literatur oder in der Satire.

In meiner Kindheit habe ich mit zunehmendem Alter mehr und mehr Rechte bekommen. Das kam aber in der Erziehung, die ich genossen habe, immer analog zu mehr Verantwortung. Somit war eine der wichtigsten Lehren meiner Kindheit „...Du willst mehr Rechte? Dann hast du damit auch mehr Verantwortung!". Das ist allerdings etwas, wie ich glaube, das nicht mehr jedem in unserer Gesellschaft bewusst ist. Was ich zu dieser Zeit auch gelernt habe, ist, dass ein Recht etwas ist, von dem ich froh bin es zu haben, wenn sich etwas ereignet, bei dem ich es brauche. Das hat sich in unserer Gesellschaft aber leider in eine luxuriöse und fast schon dekadente, Richtung entwickelt.

Weil Menschen heute relativ offenkundig ihre Lebenssituation an den Spielraum angepasst haben, den ihnen das Recht bietet. Das bedeutet, dass wir die Vorzeichen im Umgang mit Rechten quasi umgekehrt haben: es geht nicht mehr darum, dass das Recht mir hilft, wenn ich es brauche, sondern ich sehe, welche Rechte ich per Gesetz habe und beginne zu überlegen, was ich damit anstellen kann. Warum ist das problematisch?

Wie bereits in einem vorigen Kapitel erwähnt, geht es ja immer darum, was passiert, wenn wir in Aktion treten. Dann hat das immer mit einem Effekt und den darauf folgenden Konsequenzen zu tun. Wenn ich z. B. das Recht habe, meine Meinung zu äußern, mag das vom Gesetz gedeckelt sein, solange ich mich im gesetzlichen Rahmen bewege. Das heißt aber nicht, dass mein Statement nicht irgendeine Form von Effekt bei bestimmten Personen hat und dass dies keine Konsequenzen nach sich zieht.

Ein Beispiel: Ein kleines Kind fährt mit seiner Mutter in der Straßenbahn und gegenüber sitzt ein überaus korpulenter Mann. Das Kind ist – vermutlich im Gegensatz zur Mutter – völlig wertfrei und dennoch sehr beeindruckt von der Körperfülle des Mannes gegenüber. Nun sagt es in normaler Lautstärke zu seiner Mutter: „Mama, so einen dicken Mann hab ich noch nie gesehen." Hat es gelogen? War es beleidigend? Mal abgesehen von der Tatsache, dass das Kind sowieso noch nicht strafmündig ist, hätte es mit seiner Aussage gegen das Gesetz verstoßen? Ich würde sagen nein. Kinder sprechen einfach völlig wertfrei aus, was sie in ihrer Welt erkundet haben. Das weiß der Mann auch. Fühlt er sich toll dabei und sagt: „Ach wie süß, das hat ihr Kind ja putzig gesagt." Nein, vermutlich kränkt es diesen Mann. Aber er weiß es ist nur ein Kind.

So, jetzt machen wir das Ganze noch einmal anders: Mutter und Kind verlassen die Szene und meine Wenigkeit sitzt nun diesem keuchenden Mann gegenüber. Jetzt beuge ich mich vor zu ihm und sage: „Wahnsinn, so einen dicken Mann wie Sie habe ich noch nie gesehen." Habe ich gelogen? Habe ich ihn beleidigt? Ich habe nicht gesagt: „Mann, sind Sie eine fette Qualle." Ich habe ihm lediglich mitgeteilt, dass ich noch nie jemanden gesehen habe, der so dick war wie er." Das ist zwar hochgradig unangebracht, aber das darf ich sagen. Aber die Frage ist doch, nur weil ich es darf, macht es deswegen auch Sinn, es zu sagen? Selbst wenn ich ihn nicht als Nilpferd beschimpfe, konfrontiere ich ihn doch unmittelbar mit seiner Körperfülle. Und das kann unter Umständen doch dessen Selbstbewusstsein ankratzen, weil ich ihm indirekt zu verstehen gebe, dass ich das nicht schön finde. Mein Recht, dies sagen zu dürfen, mag zwar dafür sorgen, dass ich mich als freien Menschen einer freien Gesellschaft verstehen kann, aber dennoch hat es einen massiven Effekt mit Konsequenzen. Es könnte sein, dass dieser Mann eine Essstörung hat und ich mit meiner Äußerung diese befeuere. Damit bin ich verantwortlich, die Spirale, in der er sich eventuell befindet, noch weiter angetrieben zu haben. Wenn ich völlig unreflektiert nur auf meine Rechte fokussiert bin und so wenig Empathie für mein Umfeld empfinde, dann kann ich den Effekt und die Konsequenzen ausblenden und mich an meiner Freiheit erfreuen. Aber da wir nicht alleine im Wald leben sondern in einer Gesellschaft, muss ich mein Handeln eigentlich immer auf den Prüfstand stellen. Und ich muss mir einfach darüber klar werden, dass nicht alles, was ich sagen darf, auch gesagt werden sollte!

Als ein weniger persönliches sondern eher globales Beispiel nehme ich einmal eine hypothetische Finanzkrise. Ich vereinfache die Situation ökonomisch sehr stark, um meinen Standpunkt klarzumachen. Ich habe mal gelernt, dass die Menge des Geldes in einem Staat genauso wichtig ist wie die Geschwindigkeit, in der es sich in diesem Staat bewegt. Unter diesem Gesichtspunkt gehe ich nun an diese Sache ran. Würden sich zu einer konjunkturell guten Zeit die Wirtschaftsweisen hinstellen und (grundlos) davon sprechen, dass eine Rezession unmittelbar bevorstünde, dann hätte das primär erst einmal keinen Effekt. Die Leute gehen nach wie vor in die Läden, kaufen ihren Siemens Kühlschrank und ihren VW Golf. Die Firmen verdienen Geld, die Aktien stehen gut und die Bevölkerung steht in Brot und Arbeit. Jetzt wiederholen die Wirtschaftsweisen dieses Statement immer wieder und verweisen darauf, dass sich ihre Prognose demnächst in den Finanzmärkten abzeichnen wird. Nun springen die Medien darauf an. Der Bürger hört plötzlich täglich, dass die Experten die Märkte diesbezüglich beobachten. Der Bürger wird zunehmend nervös. Er hat vielleicht selbst in Aktien investiert. Man bedenke, seit dem Börsengang der Telekom gibt es bedeutend mehr Kleinanleger als zuvor. Also gehen wir einmal davon aus, dass es viele Kleinaktionäre gibt, die mehr Geld in Aktien investiert haben, als sie investieren hätten sollen, um bei kleinen Konjunkturschwankungen trotzdem weiter gut schlafen zu können. Diese Anleger werden langsam nervös. Aber es wird auch der Arbeiter bei VW oder der Handwerker um die Ecke vom langsam aufkommenden Medienhype beunruhigt. Da fangen die normalen Bürger natürlich langsam an, zu überlegen, ob man den neuen Wagen oder den Kühlschrank vielleicht doch erst in ein paar Monaten kaufen sollte, um erst einmal abzuwarten. Und **jetzt** fängt das Problem an, vom Virtuellen ins Reale zu wechseln, denn nun kommt die Krise im Kaufverhalten an. Jetzt lässt sich diese Veränderung in den Umsätzen, in Zahlen ausdrücken. Wenn dies bei der nächsten Aktionärsversammlung präsentiert wird, nimmt das die Börse definitiv zur Kenntnis. Und ab da hat das Auswirkungen auf die Börsenkurse der Unternehmen. Von hier an kann man natürlich sagen, dass dies nun der Einbruch ist, den die Wirtschaftsweisen „prophezeit" haben. Aber es gab dafür nie eine Grundlage. Aber weil die Meinung der Wirtschaftsweisen Gewicht hat, hat diese Entwicklung eine andere Bewertung, als wenn Gerhard Meier bei mir aus dem 2. Stock das am Stammtisch sagt. Jetzt bekommen wir eine exponentielle Entwicklung, weil sich die Parameter gegenseitig bedingen. Eventuell baut VW Mitarbeiter ab, welche dann massiv an Kaufkraft verlieren, welche dem Markt wiederum fehlt. Ein Teufelskreis wäre in Gang gesetzt. Zugegeben: Das ist alles höchst theoretisch, ich weiß. In meinem bescheidenen Modell kann ich folgenden Rückschluss ziehen: Hätten die Wirtschaftsweisen dieses Statement nicht abgegeben, wäre diese fatale Kettenreaktion eventuell nie ins Rollen gekommen. Aber auch das wäre wieder nur extrem kurz gedacht. Denn lag es wirklich nur an den Wirtschaftsweisen?

Gehen wir die Kette doch einmal von vorne durch: Die Wirtschaftsweisen haben ein Statement veröffentlicht. Hätten sie das tun müssen? Nein, sie hätten sich der Konsequenzen bewusst sein, und, um das Beben zu verhindern, die Ankündigung zurückhalten können. Aber gut, sie haben es nun mal gesagt, also gehen wir zum nächsten: Den Medien. Sie haben diese Info aufgenommen. Das gab natürlich eine super Headline. Ein besserer Knaller als „..Die Haltestelle *Ziegelstein Bierweg* wird für zwei Wochen wegen Straßenarbeiten verlegt". Aber mussten sie diese Information zwangsläufig so ausschlachten und darauf wochenlang herumreiten? Oder hätten sie erkennen müssen, dass das die Bevölkerung eher verunsichert und ein Einbruch im Konsumverhalten zu befürchten ist. Nein, sie hätten es nicht machen müssen. Aber gut, sie haben es so gemacht. Gehen wir weiter zum nächsten: Dem Bürger. Der Zeitgenosse, der bei seinem Gehalt als Büroangestellter in einem Anfall von Verblendung geglaubt hat, dass eine Aktie, die im TV monatelang beworben wurde, ihn zu einem Wohlstand führen würde, dass er regelmäßig mit Warren Buffet dinieren könnte. Im Zuge dieses Investments ist ihm nicht nur entgangen, dass dies kein Geheimtipp war, sondern er hat unter Umständen viel mehr Geld investiert, als für ihn gesund war. Denn eben jener Warren Buffet rät, man soll nur soviel Geld in Aktien investieren, wie man verlieren kann, ohne in finanzielle Schieflage zu kommen. Das wäre bei unserem Büroangestellten lediglich ein überschaubarer Betrag gewesen. Nichts desto trotz hat er eine große Summe investiert – weil er das Recht dazu hat. Aber diese große Summe ist der Grund für seine finanzielle Unsicherheit und Angst. Und das hat sein Verhalten unmittelbar kontrolliert und zu einem voreiligen Aktienverkauf geführt. Aber hätte er das tun müssen? Nein, hätte er beides nicht.

Und so komme ich in diesem kurzen Gedankenspiel zu mindestens vier Entscheidungen von drei Personen bzw. Gruppen, die aus freien Stücken getroffen wurden, weil sie das Recht dazu hatten. Und doch war die Wirkung für alle verheerend. Das Unglückliche an diesem bewusst gewählten Beispiel war die Verkettung der einzelnen Entscheidungen, die sich gegenseitig potenziert haben. Das ist ein Punkt, den wir uns auch bewusst machen müssen. Unsere Entscheidungen, die wir auch verantworten müssen, führen eventuell zu Entscheidungen anderer, welche wiederum folgenreich sein können.

Aber gerade unsere Medien scheinen sich in vielen Fällen dieser Verantwortung nicht mehr bewusst zu sein. Der Wert einer Schlagzeile oder die

Möglichkeit, sich beruflich zu entwickeln, wird dem Schaden, der aus dem eigenen Schaffen entstehen kann, vorsichtshalber nicht gegenüber gestellt. So lang man in diesem Wachkoma durchs Leben geht, bleibt das schlechte Gewissen auf ganz kleiner Flamme. Ich könnte hier auch noch die Flüchtlingskrise aufzählen und aufzeigen, was die Medien da für eine tragische Rolle in der Wahrnehmung der Bevölkerung gespielt haben. Das kann man aber auch von ganzen Sendeanstalten runterbrechen auf einzelne Journalisten. Talkshow-Moderatoren politischer Talkrunden, die eigentlich eine eher moderierende Funktion haben sollten, beziehen plötzlich Stellung – ohne sich zu fragen, ob sie hier ihre professionelle Verantwortung und ihre persönlichen Rechte in einen Topf geworfen haben. Die Frage ist nur, ob sich der Moderator bewusst fragen sollte, ob seine öffentliche Persona mit der privaten Person gleichzusetzen ist und vermischt werden darf. Somit ergäben sich unterschiedliche Gewichtungen in den Rechten und der Tragweite der Verantwortung. Der Schiedsrichter mag ja privat auch ein guter Fußballer sein, aber wenn er das Champions-League Finale seiner Lieblingsmannschaft pfeift, kann er sich trotzdem nicht den Ball schnappen und für sie ein Tor schießen. Dafür ist er nicht eingesetzt worden.

Wenn man mit dieser Erkenntnis auf Satire blickt, bekommt man auch ein differenziertes Bild von Comedy und Kabarett. Natürlich hat auch jeder Komödiant das Recht, seine Meinung zu äußern. Weil, abgesehen von so mancher peinlichen Posse in der Politik, das wahre Leben selten von sich aus lustig ist, bedienen sich die Comedians in der Regel der Satire. Eine Situation aus dem Leben wird so stark über- oder untertrieben, dass sie diese bagatellisiert oder lächerlich macht. Leider ist dies eine Kunstform, die kein geschützter Begriff ist, somit wird vieles mit dem Label „Satire" versehen, was dies aber nicht im Ansatz verdient hat. Zum einen gibt es keine Skala, an welcher man ablesen könnte, wann Satire gut und wann sie schlecht, ist. Zum anderen gilt auch hier wieder: Nicht alles, was man sagen darf, ist am Ende auch wirklich lustig.

Da bei Witz und Humor auch die Reize der Zuhörer bespielt werden, finden sich viele Comedians ständig in der Situation wieder, dass die Härte der Satire immer weiter gesteigert werden muss, um auch in Zukunft Lacher zu generieren. Witze von vor 20 Jahren triggern unseren Lachmuskel nicht mehr. Bei dieser notwendigen Steigerung der Satire-Dosis verlieren manche aber die persönliche Verantwortung entweder aus den Augen oder blenden diese zugunsten ein paar billiger Lacher einfach aus. Beides finde ich persönlich hochgradig unprofessionell und unverantwortlich. Ich will mir in solchen Fällen, wie den Mohammed-Karikaturen oder dem Schmähgedicht über Erdogan, kein Pauschalurteil erlauben, weil Humor natürlich auch mit persönlichem Geschmack zu tun hat. Es geht mir auch nicht darum, ob dieses Gedicht meinen persönlichen Geschmack bedient. Aber gerade hier empfinde ich, dass die Linie des guten Geschmacks weit überschritten war. Klar haben die Verfasser vor dem Gedicht darauf hingewiesen, dass es sich um Satire handle und man nun aufzählen würde, was man alles über Erdogan **nicht** sagen dürfe. Das war aber lediglich ein juristischer Winkelzug, um sich rechtlich abzusichern, um trotzdem auf legale Weise maximal beleidigend werden zu können. Ich mag mich jetzt nicht kleinlich darüber streiten, ob das jetzt Satire per Definition ist oder nicht. Selbst wenn ich einräumen würde, dass es so ist, komme ich wieder bei der Frage heraus, ob man alles, was man sagen darf, auch sagen sollte. Ich lache auch gerne über derbe Witze. Speziell über die Person Erdogan hätte es sicherlich zahllose Dinge gegeben, die, satirisch umgedreht, richtig witzig gewesen wären. Die Basis dazu liefert er höchst selbst. Aber den satirischen Beitrag so zu konzipieren, dass man als Sender nicht angreifbar ist, wäre sicher ungleich schwieriger zu schreiben gewesen. Stattdessen hat man sich für ein zotenhaftes Niveau entschieden. Und der vorgesetzte Disclaimer war so plump, dass er dem ZDF glatt um die Ohren geflogen ist. Die Riege der Leute, die sich als Intellektuell einschätzt und regelmäßig dieses Format konsumiert, hat diesen Beitrag natürlich als Glanzstück gefeiert. Aber das war für diese Leute quasi alternativlos, da sie sonst ihrem eigenen Niveau ein vernichtendes Zeugnis hätten ausstellen müssen.

Dass die veröffentlichte Version in der Türkei zu solch einem Sturm an Entrüstung geführt hat, ist für mich daher nicht verwunderlich; denn die Angriffsfläche war enorm. Ich denke, dass das Schreiberteam einfach das Gefühl hatte, die Türkei wäre sehr weit weg. Dass diese plötzlich ihre Diplomaten in Deutschland aktivieren und es zu massiven politischen Verwerfungen kommen würde – die dazu noch in Deutschland stattfinden würden – haben die Verfasser und der Sender nicht bedacht. Was die Mohammed-Karikaturen angeht, muss man sich klarmachen, was für eine Relevanz Mohammed im Islam hat. Weiß Gott, ich hätte vieles am Islam zu kritisieren, dennoch respektiere ich, dass es in jeder Religion Schlüsselfiguren gibt und dass andere Kulturen ihre Bürger auf ihre Weise sozialisieren. Das hat auch maßgeblichen Einfluss auf deren Umgang mit religiösen oder politischen Führern. Deswegen halte ich es für hochproblematisch, dass sich Europa immer wieder dazu berufen fühlt, die eigenen Werte in den Rest der Welt exportieren zu wollen. Wir vergessen dabei, dass der Nahe Osten seine eigenen Werte als die Werte seiner Väter, Großväter und Ur-Großväter versteht. Somit empfinden sie diese als genauso rechtschaffen wie wir die unseren. Dem Nahen Osten trotzdem immer wieder unsere westlichen Werte aufdrängen zu wollen, ist aus deren Sicht auch ein Eingriff in die eigene Souveränität. Die Wahrheit ist auch, dass nicht jeder so sozialisiert ist, dass er die Fähigkeit besitzt, sich selbstironisch zu betrachten. Ich kann eine gewisse Meinung zum Islam oder dem Christentum haben, aber gleichzeitig habe ich auch die Überzeugung, dass manche Themen eine größere Sensibilität erfordern als andere. Die Fähigkeit zu dieser Fein-fühligkeit steht für mich im direkten Zusammenhang mit Qualität und Pro-fessionalität eines Künstlers. Ich sage es ganz deutlich: Ich meine nicht, dass wir aus Angst einknicken sollten, denn ich finde, man muss über alles Witze machen dürfen. Aber man muss klar verstehen, wo die Grenze zur Beleidigung ist. Zudem glaube ich, dass billige Zoten zwar kurzzeitig für Applaus sorgen, aber wenig nachhaltig sein können. Wenn sich einem Comedian der respekt-volle Witz in einer Sache nicht direkt erschließt, dann muss er einfach solange weiter darüber nachdenken, bis er den Witz gefunden hat. Wer das nicht leis-ten kann oder will, hat den falschen Beruf.

Und wir müssen uns wirklich ehrlich fragen, ob die Karikaturen von Char-lie Hebdo und das Erdogan Gedicht ihren angedachten Zweck – eine Debatte über den Islam in Gang zu setzen – tatsächlich erfüllen konnten? Ich denke eher nicht. Denn wir sprechen nur noch über die Attentate und nicht mehr darüber, warum Charlie Hebdo die Karikaturen überhaupt veröffentlich hatte.

Dazu kommt in meinen Augen noch, dass Satire, die nach einem Shitstorm erst erklärt werden muss, einfach generell schlecht gemacht ist.

HUMOR –
WEN ODER WAS ?
DARF ICH LUSTIG FINDEN

Wenn ich den Gedanken aus dem vorigen Kapitel weiterspinne, stellt sich mir die Frage, was Humor überhaupt darf. Gibt es Dinge, die einfach nicht lustig sein dürfen? Wer zieht die rote Linie und entscheidet, was guter Geschmack ist? Ich stelle jetzt mal folgende, auf den ersten Blick widersprüchliche These in den Raum:

Es ist nicht nur diskriminierend, über einen Behinderten Witze zu machen, sondern es diskriminiert ihn auch, über ihn keine Witze zu machen.

Das klingt jetzt erst einmal total absurd. Aber ich möchte gerne erklären, wie ich persönlich das empfinde. Wir haben in unserer Gesellschaft ein gefühltes Maß an Empathie, mit dem wir glauben, einen funktionierenden Maßstab für Moral und Anstand zu haben. Leider funktioniert dieser bei genauerer Betrachtung nicht mal annähernd so gut, wie unsere Moralapostel denken. Aber ich bin felsenfest davon überzeugt, dass wir über jeden Witze machen dürfen; Politiker, Kinder, Behinderte, Kranke oder auch Frauen. Einfach über jeden.

Stellen wir uns folgende Situation vor: In einem Büro ist ein Team, das sich insgesamt gut versteht und relativ gut zusammenhält. Da ist regelmäßig jeder einmal das „Opfer" eines Witzes. Und alle finden den Humor auch angemessen.

Nun stößt ein Kollege im Rollstuhl zu diesem Team. Weil er eine Schwerbehinderung hat, empfinden alle es aufgrund ihrer Sozialisierung unangebracht, über diesen Kollegen Witze zu machen. Sie machen weiterhin Späße untereinander, aber, so gerne sie diesen neuen Kollegen auch mögen, sie trauen sich nicht über ihn auch Witze zu machen. Im Prinzip fehlt in dieser Gruppe genau dieses verbindende Element in Bezug auf diesen Kollegen. Sie schließen ihn auf diese Weise quasi aus. Und da sehe ich exakt das gleiche Problem, das ich vorher schon angesprochen hatte, bei dem Deutschen mit Migrationshintergrund. In dem Moment, wo ich mit dem Rollstuhlfahrer aus falscher Moralvorstellung heraus anders umgehe als mit allen anderen Kollegen, arbeite ich den Unterschied eigentlich noch stärker heraus. Ich erreiche genau das Gegenteil von dem, was ich ursprünglich erreichen wollte. Wir sollten unsere Migranten, Behinderten, Kleinen, Dicken, Brillenträger oder Homosexuellen nicht in Watte packen. Die wahre Integration und Akzeptanz diesen Personengruppen gegenüber ist, ihnen die gleiche Belastbarkeit abzuverlangen, wie wir sie vom Durchschnittsbürger auch erwarten. Das ist die wahre Integration.

Aber, wo ist die rote Linie? Was darf ich sagen und was nicht? Ich persönlich unterscheide bei allen Menschen strikt zwischen den Dingen, auf die sie keinen Einfluss haben, und denen, die sie selbst in die Welt stellen. Dass jemand klein, glatzköpfig, blind oder mit einer großen Nase gesegnet ist, kann derjenige nicht ändern. Deswegen finde ich es weder sonderlich kreativ noch besonders reizvoll mich darüber lustig zu machen. Wenn aber jemand etwas Ungeschicktes tut, ist diese Situation Allgemeineigentum. Bleiben wir gerne bei dem Rollstuhlfahrer. Dafür, dass er im Rollstuhl sitzt, kann er vermutlich nichts. Das sollte auch respektiert werden. Aber, so wie ich mich kenne, bin ich der Erste,

der sich einen Kommentar nicht verkneifen kann, wenn er mit knallrot gefärb-
ten Haaren in die Gruppe kommt. Dieses Styling ist ein Statement und wer so
etwas tut, muss damit rechnen, dass seine Umwelt darauf reagiert – Rollstuhl
hin, Rollstuhl her.

Grundsätzlich finde ich, dass ein Lächeln wie auch ein Witz der kürzeste
Weg zum Herzen eines Menschen ist. Und wir sollten uns immer fragen, ob
wir in das Herz unseres Gegenübers mit unserem eigenen Herzen oder mit
einem Dolch wollen. Dann erklärt sich die Ausgestaltung unserer Witze wie
von selbst.

DER
MENSCH

Wir neigen immer dazu, die Entwicklung der letzten Jahre, Jahrzehnte, Jahrhunderte als zufällige Verkettung von Ereignissen hinzustellen. „Schlimm, wie sich das alles entwickelt hat..." Aber ich fürchte, da zäumen wir den Gaul von hinten auf!

Ich bin jetzt mal so frei, uns als Menschheit grob zu porträtieren: Der Mensch hat in den letzten tausend Jahren viele Entwicklungsstufen durchlaufen. Einiges ist passiert. Vom Holzwerkzeug bis zum Smartphone hat er eine beeindruckende Entwicklung hingelegt. Aber eine Sache ist die gleiche geblieben: Der Mensch ist stinkfaul. So mancher möchte mir jetzt sofort entgegenbrüllen, dass der Mensch alles andere als faul sei. Er ist stetig dabei, sich weiterzuentwickeln. Ich entgegne dann anhand von Beispielen, dass er nicht nur faul, sondern so faul ist, dass es eigentlich schon absurd ist. Nun mag man mir alles Mögliche aufzählen, was der Mensch geleistet hat. Er hat das Auto erfunden, er hat den Geschirrspüler erfunden, er hat den Supermarkt erfunden; alles ganz tolle Sachen. Aber heruntergebrochen stellt sich heraus, dass der Mensch irrsinnigen Aufwand auf sich genommen hat, um faul bleiben zu können. Warum hat er denn das Auto erfunden? Weil er zu faul zum Laufen ist. Warum hat er denn den Geschirrspüler erfunden? Weil er zu faul zum Spülen ist. Warum hat er denn den Supermarkt erfunden? Weil er zu faul ist, sein Gemüse selbst anzubauen. Offensichtlich ist der Mensch so bekloppt, dass er wahnsinnig großen Aufwand betreibt, um keinen Aufwand betreiben zu müssen. Das ist der Inbegriff von Absurdität. Im Umkehrschluss kann man festhalten, dass die Faulheit des Menschen eine so primäre Kenngröße in unserer Existenz ist, dass sie Fortschritt überhaupt erst möglich gemacht hat. Ich würde mal behaupten, dass es nur sehr wenige Errungenschaften gibt, die nicht auf unsere Faulheit zurückzuführen sind. Denken Sie mal darüber nach. Trotzdem ist das, was uns mit am meisten antreibt, genau die Kenngröße, die wir bei allen Belangen nie mit in Betracht ziehen. Klar, wer möchte sich schon gerne selbst als faulen Strick wahrnehmen. Aber genau diese Beobachtung offenbart die allerwichtigste Erkenntnis, die ich je gemacht habe:

Wie der Mensch sich sieht, wie er gerne wäre und wie er wirklich ist, haben nicht das Geringste miteinander zu tun.

Wir stolpern in unserem Leben leider immer wieder genau über diese Verwechslung. Da uns das aber nicht bewusst ist, fallen wir wieder und wieder und wieder...

Ich will mal ein Beispiel geben: Jener Sprachpolizist, der mit dem Wort „Deutscher mit internationaler Geschichte" ums Eck kam, würde sicher von sich sagen, dass er ein guter Mensch ist; dass er sich für andere einsetzt – das ist, wie er sich sieht. Er hat sich diesen Begriff ausgedacht, weil er gerne die Welt ein bisschen besser machen möchte – das ist das, was er gerne wäre. Tatsache ist aber, dass er mit seinem Wortungetüm den Unterschied zwischen dem Migranten und dem Weißbierdeutschen nur noch deutlicher unterstrichen hat.

Er hat demjenigen, dem er helfen wollte, einen Bärendienst erwiesen – und das ist, was er wirklich ist, aber ums Verrecken nicht erkennen will. Genau diese fast schon prismenhaft verschobene Sichtweise auf uns selbst steht uns bei der Lösung all unserer Probleme immer wieder im Weg. Diese Art von Mensch zu sein, der man gerne sein würde, bedeutet, zu erkennen, wer man tatsächlich ist und, dass man stetig an der eigenen Persönlichkeit und am eigenen Verhalten arbeiten muss. Da schließt sich wieder der Kreis und wir kommen wieder bei unserer Faulheit raus, denn die steht uns dabei massiv im Weg. Das ist es nämlich, was wir sind: Faul. Wir könnten mehr Rad fahren oder laufen, aber wir sind zu faul. Wir könnten unseren Müll im Park zum nächsten Mülleimer tragen, aber wir sind zu faul. Wir könnten, anstatt das Billigfleisch aus dem Supermarkt zu kaufen, zum Bauern auf den Hof gehen, aber wir sind zu faul. Jeder von uns könnte selbst ein Bienenvolk halten, anstatt dies auf die Landwirte abzuwälzen. Aber es ist leichter, eine Unterschrift unter die Petition „Rettet die Bienen" zu setzen, als sich selbst ins Imkern einzuarbeiten. So betäube ich einfach mein Schuldbewusstsein mit einem faulen Schachzug. Aber habe ich mit der Unterschrift ein Problem gelöst, oder lediglich die Verantwortung auf jemand anderen abgewälzt, damit er den Aufwand damit hat? Egal. Es machte wenigstens kaum Arbeit. Somit geht es nur noch darum, wer in welcher Position ist, um wem welche Aufgaben zu delegieren, um sie bloß nicht selbst machen zu müssen. Diese Konstellation gibt es in unserem Alltag im Sekundentakt zu sehen, wenn man denn seine Sinne genug geschärft und auf Empfang hat. Wer ehrlich ist, wird sich selbst darin – ich nehme mich da nicht aus – auch wiederfinden. Wer das nicht erkennt, wird zur Lösung unserer dringlichsten Probleme nichts beitragen können.

Gerade deswegen ist meine wichtigste Botschaft in der Erziehung meiner Tochter, sich nicht darum zu kümmern, wie die perfekte Antwort aussehen müsste, sondern lieber die richtigen Fragen zu stellen. Eine Antwort kann nicht annähernd befriedigend sein, wenn die Frage unzureichend war. Wer mit der richtigen Einstellung die richtigen Fragen stellt, muss vor keiner Antwort Angst haben.

WAS ICH
WILL UND WAS
ICH MUSS

In der Interaktion mit anderen Menschen entstehen immer wieder Situationen, in denen wir von anderen etwas erwarten. Wir möchten, dass diese für uns eine Aufgabe erledigen, oder wir sind ranghöher und müssen klare Arbeitsanweisungen geben. Das kann aufgrund unserer beruflichen Position sein, aber das kann auch die Rolle als Eltern von uns verlangen. Seltsam ist hierbei, dass viele von uns damit ein echtes Problem haben. Es scheint, als wäre es den Menschen unangenehm, sich erkennbar „über" andere zu stellen. Das ist ein Dilemma, denn eigentlich möchten wir uns schon durchsetzen, aber keiner will als „Arschloch" wahrgenommen werden. Wo wir wieder bei der alles entscheidenden Problematik angekommen wären: Was der Mensch gerne wäre, was er glaubt zu sein und was er wirklich ist.

In diesem Fall will er unbedingt den Spagat schaffen, der coole sympathische Typ zu sein, der sich trotzdem durchsetzt und dessen Anweisungen man gerne Folge leistet. Aber da muss der Mensch sich leider schon entscheiden. Die eierlegende Wollmilchsau gibt es ja bekanntlich nicht. Es gibt durchaus Menschen, die eine angeborene Sozialkompetenz haben. Deren Verhalten hat einen natürlichen Charme, der nicht zuletzt auch daher rührt, dass sie die Körpersprache ihres Gegenüber lesen und in jedem Moment spontan auf die Person eingehen können. Sie fühlen es einfach, was nicht zuletzt aber auch damit zu tun hat, dass sie sich für ihr Gegenüber in gewissem Maße interessieren. Bei der Mehrzahl der Menschen ist es aber so, dass deren Augen zwar anatomisch einwandfrei funktionieren, sie Körpersprache aber leider trotzdem nicht erkennen können. Entweder, weil sie es nie gelernt haben, oder sich tatsächlich nicht genug für ihre Mitmenschen interessieren. Die eigenen, sozialen Verhaltensweisen sind dann weniger „gefühlt" sondern eher „angewendet". Ich möchte jetzt nicht sagen, dass dies bedeutet, dass die Menschen, die aus dem Gefühl heraus handeln, die besseren Menschen sind. Deren „Interesse" kann auch purer Eigennutz sein, um gerade in solchen Situationen die Oberhand behalten zu können. Trotzdem ist es nicht von der Hand zu weisen, dass sie es im Umgang mit anderen Menschen wesentlich leichter haben als andere. Denn ihr Umfeld ist ihnen dadurch meist wohlgesonnen.

In dem Moment, wo der normale Mensch der Illusion nach hechelt, man könnte der total coole Typ sein und trotzdem seinen Willen immer zu 100% durchsetzen, ist er eigentlich schon auf verlorenem Posten. Er versucht, dies über seine Rhetorik, seine Körpersprache und die nötige Vehemenz zu steuern. Aber gerade bei der Gruppe, die das nicht aus dem Gefühl heraus macht, kommen dabei mehr als widersprüchliche Signale zustande, mit denen kein Mensch etwas anfangen kann. Wie meine ich das?

Beleuchten wir doch als erstes einmal das berufliche Beispiel. Oftmals haben Führungskräfte spezielle Seminare besucht oder in ihrer Meisterschule Personalführung als Schulfach gehabt. Dort werden ihnen Verhaltensweisen oder Techniken vermittelt, mit denen man Menschen gut – ich sags jetzt einfach deutlich – manipulieren „könne". Sie sehen an den Gänsefüßchen, dass ich das für halb garen Mist halte. Da wir Menschen nicht alle gleich sind, reagieren wir eben nicht so berechenbar. Klar funktioniert es bei manchen, wenn man z. B. Suggestivfragen stellt, wo man im Prinzip die Antwort vorhersehen kann. Da kann der Restaurantleiter natürlich seine Servicekraft mit Sätzen wie „Sollen wir beim Gast das Haar jetzt nun in der Suppe lassen, oder servieren Sie das ab?" rundmachen. Könnte sie darauf mit „ja" antworten? Eher nicht. Und fühlt sich die Standpauke in Form einer Frage angenehmer an? Was will man damit erreichen? Auch eine relativ oft angewendete, trotzdem nicht weniger plumpe Taktik ist das Wort „wir" anstatt dem Wort „du" zu verwenden. Dadurch soll eine Anweisung, die man einer Person gegeben hat, weniger direkt adressiert klingen. Dass man sich im „wir" selbst verbal mit einbezogen hat, soll auch an den Gemeinschaftssinn appellieren. Unter dem Strich läuft das aber darauf hinaus, dass diese untergebene Person die Aufgabe doch nicht im „wir" sondern alleine ausführen muss. Das ist ihr auch bewusst. Letztendlich hat die untergebene Person seinen Vorgesetzten natürlich durchschaut, aber die Anweisung trotzdem befolgen müssen. Vermutlich hat man das Zähneknirschen zwei Büros weiter noch gehört. Es ist auch nicht so, dass der Vorgesetzte durch diese Taktiken an Souveränität gewonnen hat. Im Gegenteil, den Teammitgliedern fallen diese Kniffe sehr wohl auf, wodurch das Ansehen im Prinzip stark geschädigt wird. Die Autorität, die diese Person besitzt, besteht im Prinzip nur noch durch die Autorität der Führungskraft einen Rang höher. Aber um noch einmal zum Dreiklang bzgl. uns selbst zurückzukehren: Der Vorgesetzte möchte gerne bei seinen Leuten gut ankommen und, dass seine Anweisungen befolgt werden. Er denkt, er macht seine Sache gut und subtil. Tatsächlich halten ihn seine Mitarbeiter für den Blindgänger, der er wirklich ist.

Ein Klassiker im privaten Bereich ist, wenn Eltern versuchen die Anweisungen an ihre Kinder in Fragen zu verstecken, um sie da „ein Stück weit abzuholen". Das mag sich für die Eltern weniger herrschsüchtig anfühlen, doch leider passt da oftmals der Inhalt ganz und gar nicht zu dem *Vibe*, den man damit versprühen wollte. Es müsste einem klar sein, wenn das Zimmer des Kindes aussieht, als hätte eine Bombe eingeschlagen, dass es wohl offensichtlich nicht die geringste Lust hatte aufzuräumen. So verschließt sich mir die Logik, wie Eltern nun auf die Idee kommen können, dass ihre Kinder plötzlich Lust aufs Aufräumen bekommen sollen, nur weil die Eltern die Anweisung zum Aufräumen in der Frage „Möchtest du nicht mal aufräumen?" verstecken. Was sich eine Vielzahl der Eltern dann allerdings prompt einfängt, ist die Antwort „Nö!". Im Prinzip sogar berechtigt. Denn, wenn ich dem Gegenüber, ob Erwachsener oder Kind, eine Frage stelle, muss ich mir auch bewusst sein, dass ich mit einer Frage immer auch eine Wahl gebe. Und die wird dann sicher auch getroffen. Natürlich kann ich hier bei der gleichen Frage die Betonung auch direkt so sarkastisch setzen, dass die Frage eigentlich genauso befehlsmäßig klingt, wie eine Anweisung mit drei Ausrufezeichen. Durch den extrem sarkastischen Unterton kann es allerdings passieren, dass das Nachgemaule ungleich stärker ausfällt als bei einer selbstbewussten Aufforderung zum Aufräumen.

Aber gerade bei Eltern sehe ich das Problem darin, dass sie sich als bester Freund ihres Kindes verstehen wollen. Weil es eine viel bequemere Position ist, jederzeit von seinem Kind gemocht zu werden. Das ist aber nicht die Aufgabe von Eltern. Sie sollen ihrem Nachwuchs zwar Liebe geben, aber sie müssen ihn auch auf das Leben vorbereiten. Auch glaube ich, dass Einfühlsamkeit mit Zuspruch verwechselt wird. Ich kann mich auch in mein Kind einfühlen und dann trotzdem streng sein. Das Eine schließt das Andere nicht aus. Diese Fähigkeit sollten Erziehende haben. Wenn beste Freunde Kinder erziehen könnten, dann würde das bedeuten, Kinder könnten Kinder erziehen. Das ist aber nicht so. Denn, den besten Freunden fehlt eben auch die Reife, um komplexe Situationen genauso zu beurteilen wie Erwachsene. Bei einem Kind kann sich ein Kind nur eine Sichtweise aus der gleichen Perspektive abholen.

Man muss sich als Elternteil im Klaren sein, dass dies ein fürchterlicher Job ist. Weil er meist damit zu tun hat, dass man sich selbst hört, wie man „nein" sagt und unbequem ist. Die Generation meiner Eltern war sich dieser Tragweite bewusst und hat das auch noch so angenommen. Heutzutage sehe ich es immer wieder, dass Eltern dieser unangenehmen Aufgabe ausweichen wollen.

Ich nutze jetzt mal folgende Metapher: Kinder stehen nach ihrer Geburt in der Mitte eines Raumes. Dieser Raum stellt unsere Gesellschaft dar. Ab der Geburt haben sie ein Tuch über den Augen und können den Raum weder erkennen noch einschätzen. Jetzt haben die Eltern bis zur Volljährigkeit Zeit, ihnen diesen Bereich zu erklären. So kann das Kind sich wie beim Blindekuh-Spiel im Raum bewegen und „erkunden", wo Hindernisse sind und sich diese einprägen. In den folgenden 18 Jahren wird es in diesem Raum anstoßen, stolpern und auch ertasten was sich dort alles befindet. Wenn dann mit 18 die Binde abgenommen wird, kann das Kind sagen „.. ja, so in etwa habe ich es mir hier vorgestellt.

Aber dann gibt es die Eltern, die meinen, ihre Kinder sollten keine Grenzen haben. Sie sollten sich immer frei entfalten dürfen. Ihre Kinder sollten Freigeister werden. Was aber tatsächlich passiert, ist, dass die Eltern während der 18 Jahre *Blinde Kuh*, jegliches Hindernis aus dem Weg räumen. Wände hat der Raum auch keine. Das Kind bekommt kein Gefühl für die Größe oder die Einrichtung des Raumes, weil es nicht ein einziges Mal an irgendetwas angestoßen ist oder Berührungspunkte hatte. Der Raum ist quasi leer. Das Kind müsste sich jetzt aus dem Nichts einen Raum vorstellen, den es nicht gibt; den es nicht spüren kann. Wenn dann nach 18 Jahren die Binde abgenommen wird, ist die Wahrscheinlichkeit, dass die Vorstellung, die man 18 Jahre von dem Raum hatte, mit dem tatsächlichen Raum deckungsgleich ist, gleich Null. Somit wird es ein fremder Raum sein, der dann als Erwachsener erst erkundet werden muss. Ich denke, dass Eltern ihren Kindern da keinen Gefallen getan haben. Sie haben ihnen die Erziehung in die eigenen Hände gelegt.

Ich möchte mich nicht zu wichtig nehmen, aber die Kindheit ist nichts anderes als eine Übungsstunde für das Erwachsenenleben. Somit verstehe ich mich in meiner Rolle als Elternteil als eine Art Übungs-Legislative, Übungs-Judikative, und Übungs-Exekutive, an der unser Nachwuchs das Leben in der Gemeinschaft üben kann, damit es mit seiner Volljährigkeit genau weiß, wie es sich in unserer Gesellschaft zu bewegen hat. Was man auch festhalten kann, ist, dass es, egal ob als Chef oder als Eltern, Mut braucht. Mut dazu, sich auch mal unbeliebt zu machen, wenn man weiß, dass es der Sache dient. Sowohl Eltern-Sein als auch Chef-Sein, ist keine Kaffeefahrt. Beides hat einen tieferen Sinn und erfordert eine gewisse Strenge. Streng zu sein, muss sich für Eltern auch nicht befriedigend sondern lediglich notwendig anfühlen. Wenn man sich nach langen unbequemen Diskussionen schrecklich fühlt, ist das normal. Wichtig ist das Ergebnis. Und Strenge ist selten populär. Wobei ich auch überzeugt bin, dass Eltern sich diese Strenge für die Kinder schlimmer vorstellen, als die Heranwachsenden das selbst empfinden. Ich bin absolut überzeugt, dass Kinder die Bestimmtheit der Eltern auch suchen, weil sie für die Kinder ein sicherer Rahmen ist, in dem sie sich bewegen können; in dem sie vielleicht sogar freier erkunden können, weil sie die Sicherheit spüren. Ich möchte dabei unbedingt betonen, dass es beim Eltern-Sein nicht um Unfehlbarkeit geht. Eher um eine gewisse Realitätsbezogenheit und Konsistenz im Verhalten. Seine eigene Fehlbarkeit in der Erziehung für die Kinder sichtbar zu machen, ist genauso wichtig. Aber aus der Angst heraus, vielleicht einen Fehler zu machen, jeglichen Mut vermissen zu lassen, ist eigentlich unvernünftig. Wer handelt, macht eben auch Fehler.

ÜBER DAS
ZIEL HINAUS

Wir Menschen haben ja schon ein paar seltsame Eigenheiten. Manche davon sind sympathisch, manche muten eher absurd an. Aber eine Eigenart von uns Menschen bringt mich immer wieder dazu, den Kopf zu schütteln: Unser vorschnelles Handeln. Hier kommen echt unsere ganzen schlechten Eigenschaften und Angewohnheiten zusammen. Wir sind faul. Wir begnügen uns mit schlechten Fragen und noch schlechteren Antworten. Wir geraten in Panik. Wir müssen uns immer alles erklären und alles einordnen. Und absolut nichts ist uns gut genug. Diese Kombination ist für mich ein klarer Fall von Murphys Law.

Wie dem auch sei, Aktionismus ist etwas, was ich auch in allen Belangen unseres Lebens erkenne. Man sieht ein Problem und, wie aus dem Halfter gezogen, wird mit der Lösung auf das Problem geschossen. Da spielt es auch keine Rolle, ob die Vorschläge von Politikern, Wissenschaftlern oder Prominenten kommen. Aber ist es immer so einfach?

Ich denke man kann sich unsere Gesellschaft vorstellen wie den Zauberwürfel von Rubik. Der optimale Zustand wäre natürlich, dass er gelöst wäre und jede Farbe auf ihrer Seite komplett ist. Wer schon mal an diesem „Teufelswerk" gesessen ist, weiß, dass es nicht einfach ein Wunschkonzert ist bei dem man sagen kann „Rot, du gehst da hin, und Gelb du gehst da hin". Wer den Cube kennt, weiß, dass, wenn man an einer Seite dreht, es sich auch an drei anderen Seiten verdreht! Heißt, man muss sich jeden Zug genauestens überlegen. Denn alles hängt miteinander zusammen. Versuche ich, verstreute Farbfelder nach Hause bringen, verdrehe ich auf den anderen Seiten Farbfelder, die bereits zu Hause sind.

Ich beginne meine Metapher und vergebe beispielhaft einmal die Farben an verschiedene Aspekte unserer Zivilisation: So geht Grün an die Umwelt, Blau an unser Gesundheitssystem, Rot an die Industrie, Weiß an die Justiz, Gelb an unser Sozialsystem und Orange an die Politik. Diese Kategorien wären perfekt aufgestellt, wenn die Farbflächen jeweils komplett wären. Leider ist das nie so gewesen. Wir haben nach dem Krieg gemeinsam angefangen, einen völlig verdrehten Würfel zu lösen, und es haben sich die einzelnen Farbfelder langsam mehr und mehr auf ihrer Seite eingefunden. Wir hatten bis zur Jahrtausendwende den Würfel schon relativ weit gelöst. Aber wer das Teil kennt weiß, je weiter es dem Ende zugeht, desto schwerer wird es. Man hat schon relativ viel bei allen Farben zusammengedreht, aber bei jeder weiteren Drehung geht von den bereits gelösten Bereichen mehr kaputt als man weiter gelöst bekommt. Deshalb überlegt man sich jeden weiteren Zug genau – wie bei einer guten Partie Schach.

Die Riege derer, die seit Jahrzehnten den Würfel zu lösen versucht, nimmt natürlich wahr, dass das Tempo immer langsamer wird. Die Ungeduld derer, welche die Politik dabei beobachten, steigt analog dazu auch. Das erhöht den Druck auf die Verantwortlichen nochmals. Dann kommt wie aus dem Nichts ein 16-jähriges Mädchen aus Schweden, reißt allen den Würfel aus der Hand und dreht das Teil erst einmal komplett auf *Grün*. Nun zeigt sie rotzfrech allen, dass *Grün* gelöst ist und der Würfel so auszusehen hat. Entrüstet reißt ihr die Industrie den Würfel aus der Hand und dreht ihn komplett auf *Rot*, denn so unfair darf die Situation für die Industrie nicht werden. Sie sind der Meinung, dass der Würfel eher *Rot* auszusehen hätte. Jetzt zanken sich plötzlich alle Seiten, denn jeder sieht nur mehr, dass seine eigene Farbe stärker verdreht ist als sie es je war. Und nun ist der Streit in vollem Gange.

Die Politik, der einzige Player im gesamten Spiel, der sich seit Jahrzehnten wirklich mit dem Würfel beschäftigt und weiß, wie vulnerabel dieses Menschheitsrätsel ist, steht da mit den Händen über dem Kopf zusammengeschlagen und kann nicht fassen, was gerade passiert ist. Die Arbeit von Jahrzehnten ist wieder komplett verdreht. Diejenigen in dem Spiel, die nun dazu raten, mit dem Verdrehen aufzuhören, weil keiner weiß, wie der Würfel komplett zu lösen ist, werden von dem Streit schier übertönt. Warum hört niemand darauf? Da kommen mehrere unserer Eigenschaften zum Tragen. Weil Probleme für manche eine gewisse Dringlichkeit haben, scheinen sie alles um sich herum auszublenden; Konsequenzen, Querverbindungen zu anderen Themenbereichen, Verbindlichkeiten mit Dritten oder, ob die Lösung mit dem Grundgesetz vereinbar ist. Hauptsache, die Lösung ist einfach und geht schnell. Dass das Werk anderer Experten in ihrem Bereich dadurch entweder obsolet oder zerstört wird, ist egal. Respekt davor gibt es nicht.

Aber leider ist unsere Welt wahnsinnig komplex und wir müssen uns unbedingt klarmachen, dass einfache Lösungen nicht existieren. Und auch, wenn viele, die sich für Experten halten, glauben, die Dinge komplett zu überreißen, zeigt sich immer wieder, dass bestimmte Gedanken nicht von einer einzelnen Lichtgestalt zu Ende gedacht werden können. Wenn aber die kollektive Faulheit der Bevölkerung, kombiniert mit Angst, die Überhand gewinnt, kommen uns jene Lichtgestalten, z. B. in Form einer Sechzehnjährigen, gerade Recht. Wir können die ganze Hoffnung in diese fast schon ikonische Person projizieren und geben da auch gleich die Verantwortung und auch den notwendigen Denkprozess komplett mit ab. Eine bequeme Methode. Im Zuge der Entwicklung dieser Persona, die dann fast schon prophetische Züge annimmt, blenden wir zunehmend auch ihre Fehlbarkeit aus. Aber wenn man nach der alten Binsenweisheit geht „Hunde die bellen, beißen nicht", sollte man sein Geld eher auf die leiseren, nachdenklicheren Kandidaten setzen.

Ich gehe zurück in die Zauberwürfel-Szene und sehe mir die Akteure genauer an. Der Würfel liegt mittlerweile auf dem Tisch. Dort stehen sich nun Greta Thunberg und Herbert Diess gegenüber und brüllen sich an. Vertreter von Justiz, Gesundheitswesen und Sozialsystems stehen auch um den Tisch und beteiligen sich auch lautstark an der Debatte. Die Medien berichten über diese Debatte und die Statements aller werden gehört und unter das Volk gebracht. Jeder der Beteiligten hat seine Lösung und jeder hat dafür seine Follower. Was bei all dem Geschrei keiner sieht ist, dass unten am Tisch bereits Leute stumm über den Würfel gebeugt sitzen und bereits konzentriert am Grübeln sind, wie das Problem zu lösen und der Schaden zu begrenzen wäre – ich sehe darunter auch Angela Merkel. Sie sind wie versunken in die Problematik, weil ihnen bewusst ist, wie komplex und verfahren die Situation ist. Deren fokussiertes Schweigen wird in den Medien zuerst durch die laute Debatte übertönt. Als sich das Geschrei erschöpft, offenbart sich die Stille und der Fokus geht auf die konzentrierten Grübler. Plötzlich dreht sich die Stimmung und die Diskutanten sehen am Ende ihrer Argumente eine neue Strategie. Man kann auf die Schweigenden losgehen und ihnen Tatenlosigkeit unterstellen.

Aber da stellen sich mir erst einmal ein paar Fragen. Erstens: Ist das notwendigerweise Tatenlosigkeit oder ist es schlichtweg so, dass, wenn man die Tragweite einer Situation erkennt und man weiß, wieviel Schaden die aktionistischen Lösungsvorschläge verursachen würden, man lieber auf kurzgedachte Aktionen verzichtet? Zweitens: Wer entscheidet, ob eine unbedacht getroffene Entscheidung immer automatisch besser ist als besonnenes Handeln? Drittens: Haben die Leute, die aktionistisch handeln wollen die Konsequenzen gründlicher durchdacht als die, welche sich besonnen zurückhalten? Ich mäße mir nicht an, das zu beantworten, aber ich finde, die Frage zu stellen, ist berechtigt!

Wir neigen dazu, denjenigen eher unser Vertrauen zu schenken, die für ihre Sache leidenschaftlicher argumentieren. Jüngste Beispiele sind in der Klimakrise Greta Thunberg und Elon Musk. Aber in der Politik haben wir da auch deutliche Beispiele in Nigel Farage und Donald Trump. Jeder von ihnen hat seine Follower, die der jeweiligen Argumentation folgen können. Das sind alles Menschen, die bei dringenden Krisen einfache „Lösungen" präsentiert haben. Ob deren Pläne überhaupt Probleme lösen können, lasse ich mal außen vor. Es sind aber nicht nur die Schwergewichte die ihren Hut in den Ring werfen. Es fühlen sich auch immer mehr Statisten aus der zweiten Reihe dazu berufen, sich in die Debatte lautstark einzuschalten; unwissend, dass sie über globale Zusammenhänge noch weniger wissen als die erste Reihe. Aber die Dinge liegen oft weitaus komplizierter als es uns und denen lieb ist. Schauspieler die an der Küste Kroatiens Plastikmüll einsammeln, setzen sich ins Fernsehen und schwadronieren in ihrem Gutmenschen-Nebel darüber, wie einfach es wäre, Kunststoff aus dem Alltag zu verbannen. Aber ist das tatsächlich so einfach, oder hätte man nur gerne, dass es so einfach ist?

Sehen wir uns doch genau diese Thematik an. Versuchen wir einfach einmal kurz, auf Plastik als Lebensmittelverpackung zu verzichten. Der erste Gedanke wäre, auf etwas Nachhaltigeres zu setzen: Was liegt da näher als Glas? Man könnte beispielsweise Pfandflaschen komplett auf Glas umstellen. Dieser Werkstoff hat bestimmt eine bessere Öko-Bilanz als Kunststoff. Problem gelöst. Buch zu Ende. Oder doch nicht?

Nein. Nicht. Das mit der besseren Öko-Bilanz ist nämlich ein Trugschluss. Die Herstellung von Glas ist ein regelrechter Energiefresser. Um den Quarzsand zu Glas zu schmelzen, muss man die Öfen auf 1710° C erhitzen. Auch wenn Glasgefäße aufgrund ihrer harten Oberfläche sehr hygienisch und stabil sind, kann man sie nicht unendlich lange benutzen. Bei der Benutzung brechen Ecken ab und durch die Befüllung können Teile absplittern. Sie müssen also in regelmäßigen Abständen aus Sicherheitsgründen erneuert werden. Das zweite Problem ist die Reinigung. Für diesen Vorgang braucht man bei Glas Unmengen von Wasser. In Zeiten, in denen Lebensmittelhersteller sich die Wasserrechte ganzer Landstriche auf derart perverse Weise sichern, dass ganzen Bevölkerungsschichten das Wasser ausgeht, mutet es geradezu absurd an, das Wasser für die Reinigung von Leergut zu ver(sch)wenden. Aber was wäre die Alternative? Flaschen aus Papier, für die man Bäume fällen muss? Und was ist mit Glas als Folienersatz beim Metzger? Kann ich mit meinem spülbaren Glasgefäß mein Fleisch dort holen und damit tonnenweise Folie einsparen? Theoretisch ja, wenn sich da nicht das Gesundheitsamt einmischen würde. Ich darf mein Gefäß nämlich offiziell nicht über den Tresen reichen, wenn es nicht mit einem Industriegeschirrspüler bei 90° C gespült wurde. Infektionsgefahr. Bakterien sterben erst bei 70° C ab. Die EU hat uns aber aus Umweltgründen unsere privaten Geschirrspüler auf 60° C begrenzt – was sich jetzt in diesem Fall seinerseits als zu kurz gedachte Lösung für unser Energie-problem offenbart.

Wir müssen uns von der Vorstellung verabschieden, dass es für komplexe Probleme optimale Lösungen gibt, die völlig frei von Nebeneffekten sind. Es gibt somit auch keine Lösungen bei der Klimakrise, die lediglich Einfluss und Auswirkungen auf Klimaaspekte hat. Sie werden unser Leben in Sachen *Klima* etwas besser und in anderen Belangen etwas schlechter machen. Lösungen, die unsere fundamentalen Krisen lösen sollen, werden immer ein Kompromiss sein. Sollten wir uns auf perfekte Lösungsansätze versteifen, werden wir uns für alle realistischen Möglichkeiten disqualifizieren. Und so mancher Ruf nach einer Lösung bekommt einen bitteren Nachgeschmack, wenn der Schauspieler, der so leidenschaftlich für die Abschaffung von Plastikverpackungen plädiert hat, Wochen später im Werbefernsehen für Getränkesprudler wirbt. Scheinbar hat auch Idealismus ein Preisschild.

DER VERLUST DER MITTE

Abgesehen davon, dass wir die Gabe verloren haben, richtig zuzuhören, oder die richtigen Fragen zu stellen, hat sich für uns auch das Spektrum dessen, was wir als möglich erachten, stark eingeschränkt. Egal in welchem Bereich unseres Lebens; es ist einfach nicht zu übersehen. Es fehlt uns als Gesellschaft jegliches Mittelmaß. Es ist als wären die Gegensätze magnetisch. Alles, was hellgrau ist, wird magisch Richtung *weiß* gezogen und alles, was etwas dunkler ist, geht unaufhaltsam in Richtung *schwarz*. Dazwischen spielt sich faktisch nichts ab.

Jemand, der täglich Fahrrad fährt, ist gleich ein Weltverbesserer. Jemand, der aus Angst auf die Straße geht, um zu demonstrieren, sofort ein Verschwörungstheoretiker oder Hetzer. Alles, was dazwischen ist, findet nicht statt. Es geht auch um Verhältnismäßigkeit; z.B. ernähre ich mich ab sofort einfach etwas bewusster, oder werde ich gleich militanter Veganer? Möchte ich ein dezentes Tattoo, oder lasse ich mir lieber gleich beide Arme komplett zutätowieren?

Da stellt sich die Frage, woher dieses extreme Verhalten kommt. Eine verbindliche Erklärung dafür wird wohl kaum jemand haben, aber meine Theorie ist, dass es an der Abgestumpftheit unseres Reizempfindens liegt. In einer Welt, in der wir ständig mit Reizen, die sich gegenseitig zu übertrumpfen versuchen, überflutet werden, wird man sich einer gewissen Unempfindlichkeit dagegen nicht erwehren können. Fällt uns ein Tätowierter unter hundert anderen Tätowierten auf? Ja, wenn er der Einzige mit Gesichtstattoo ist. Derjenige, der am extremsten ist, wird aus der Masse heraus wahrgenommen.

Grundsätzlich ist unser Empfinden ja auch darauf ausgelegt, eher auf Dinge zu reagieren, die sich verändern, nicht auf solche, die wir seit Jahr und Tag vor unseren Augen haben. Da lohnt sich ein kurzer Blick in die Steinzeit: Wenn man zur damaligen Zeit aus seiner Höhle kam, stand dort jeden Tag der gleiche Baum und der gleiche Felsblock. Davon, wusste man aus seiner Erfahrung, ging potenziell keine Gefahr aus. Was der Cro-Magnon-Mann aber befürchten musste, war, dass wie aus dem Nichts ein Fressfeind auftauchen und ihn angreifen könnte. Somit lag seine Aufmerksamkeit primär auf den Dingen, die sich schnell bewegen oder verändern, und nicht auf Dingen die statisch und unverändert sind. Diese Wahrnehmung haben wir bis heute. Wenn jemand wie aus dem Nichts an mir vorbei rennt, gehe ich instinktiv zurück oder erschrecke. Dinge, die ich neben der Wohnungstür vor Wochen „kurz" abgestellt habe und darauf warten, dass ich sie wegräume, sehe ich quasi nicht mehr. Dass der Nachbar gegenüber seine Hecke entfernt hat fällt mir hingegen sofort auf; auch wenn es einen Moment dauert, bis ich darauf komme, was genau sich am Gesamtbild verändert hat. Aber ich bemerke es direkt, weil es eine massive Veränderung ist.

Was hat das nun damit zu tun, dass wir von einem Extrem ins andere fallen? Ich nehme an, dass uns der Mittelweg als zu statisch erscheint. Er regt uns nicht dazu an, darüber nachzudenken, weil wir dort keine Entwicklung bemerken. Wir haben ihn vielleicht zu oft gehört und er bringt uns keinen neuen Impuls. Ein populistisches Statement hingegen, egal welcher Gesinnung, stimuliert uns schon eher. Egal ob es uns dazu reizt, dem zuzustimmen, oder ob es uns massiv empört; es spielt mit unseren Reizen und wir sind sofort aktiviert. Menschen oder Gruppen die mit solchen Extremen spielen, um damit etwas zu erreichen, tun dies ganz bewusst. Sie möchten in der Flut an Reizen nicht überhört oder übersehen werden. Durch die extreme Positionierung können sie sich auch sicher sein, dass die Position klar herausgearbeitet ist. Verwechslung ist kaum möglich. Somit wird bei jedem neuen Statement in gewisser Weise, bewusst oder unbewusst, abgewogen, wie weit man den Lautstärkeregler aufdrehen muss, damit man auf keinen Fall überhört werden kann. Auf Dauer schadet uns das als Gesellschaft. Denn die eigentlich extrem wichtige Mitte verliert zunehmend an Bedeutung. Das ist insofern fatal, da die Mitte der einzige Ort ist, an dem ein Kompromiss möglich ist. Als Folge davon wurde die Errungenschaft des Kompromisses regelrecht pervertiert. Denn war bei den Alten Griechen ein Entgegenkommen ein großer Erfolg, empfindet die Mehrheit ihn heute als den Ausverkauf der eigenen Ideale. Was früher erstrebenswert war ist heute strikt abzulehnen.

Wenn man weiterdenkt, wird einem klar, dass analog dazu auch die Fähigkeit zu differenzieren verkümmert. Da stehen sich Interessenverbände und Gruppen gegenüber. Die Einen sagen, Migranten machen alle Ärger und sind alle kriminell. Schön brachial und überaus pauschal formuliert. Die Gegenseite sagt, Migranten sind alle dankbar, hier zu sein, wollen alle legal arbeiten und Teil der Gesellschaft werden. Das wärmt unmittelbar das Herz und sofort spielt mein Hirn die Titelmusik von „Ich heirate eine Familie" ab. Aber wenn man nur ein paar Sekunden versucht zu differenzieren, muss einem klar werden, dass beides völliger Unsinn ist. Die Situation ist so komplex und hat so viele Facetten, das sie niemals auf ein einzelnes populistisches Statement heruntergebrochen werden kann. Das würde im Übrigen kaum einem Umstand in unserer Zivilisation gerecht werden. Wo ich aber wieder beim Menschen und seinem Wesen herauskomme: Er ist faul! Er möchte nicht ewig auf die Suche nach einer Antwort gehen. Sie muss auch nicht wirklich wahr sein, sondern sich nur so wahr anfühlen, dass ich mich legitimiert fühle, mir jeden weiterführenden Denkprozess sparen zu können. Denn der würde Zeit kosten und hielte uns von den schönen Dingen des Lebens ab. Wenn das Differenzieren Aufwand bedeutet und uns im Gegensatz dazu jemand nur laut genug seine wunderbar einfachen Lösungen und Parolen entgegenschreit, ist es doch nur bequem, sich schnell eine davon auszusuchen und sich dann zufrieden zurückzulehnen. Dabei verstehen wir uns in unserer eigenen Wahrnehmung aber als extrem differenziert, denn wir haben ja beide Seiten (kurz) angehört. Und dann kann man endlich wieder Netflix einschalten.

Problematisch wird es, wenn wir an den Punkt kommen, wo wir Unterschiede gar nicht mehr erkennen. Wenn ich z. B. sage, ich denke über einen neuen Haarschnitt nach, dann heißt das noch lange nicht, dass ich auch einen bekomme. Es heißt nicht einmal, dass ich einen will. Es heißt lediglich, dass ich mich in einem Denkprozess befinde, in dem ich alle Argumente abwäge, um dann zu entscheiden, was ich tun werde. Das mag ein banales Beispiel sein. Also nehme ich etwas Brisanteres: Nehmen wir an, ein Politiker würde sagen „Wir sollten darüber nachdenken, das Grundgesetz zur Sterbehilfe zu ändern." An dieser Stelle würden viele direkt auf die Barrikaden gehen und dem Politiker vorwerfen er will die Sterbehilfe legalisieren. Aber hat er das gesagt? Was genau hat er denn gesagt? Er hat gesagt, wir sollten darüber nachdenken. In einer differenzierten Gesellschaft würde man im Zuge dieser Debatte das Für und Wider abwägen und zu einem Schluss kommen. Und unter Umständen würde dieser Entschluss nach langer Betrachtung für alle sogar so aussehen, dass es so, wie es aktuell geregelt ist, bleiben soll. Weil es, so wie es ist, doch richtig ist. Was aber tatsächlich passieren würde, ist, dass die Emotionen in kürzester Zeit hochkochen und man sich gegenseitig Worte in den Mund legt, was die eigentliche, inhaltliche Debatte unmöglich macht. Und bei aller Empörung wähnt sich jeder moralisch auf der richtigen Seite, ohne zu sehen, dass er der Sache im Kern nur schadet. Im Prinzip berauben wir uns einer wichtigen und essenziellen Möglichkeit, uns und unsere Gesellschaft auf den Prüfstand zu stellen. Ein weiterer Beleg dafür, dass das, wie der Mensch sich selbst sieht, wie er wirklich ist und wie er sein möchte, absurd weit auseinanderliegen.

Was mir in dem Zusammenhang auch immer wieder auffällt, ist die Neigung zu glauben, „Viel hilft viel". Das führt in so vielen Bereichen unseres Lebens dazu, dass wir jegliches Maß verlieren und total übertreiben – nicht nur verbal. Jahrzehnte lang haben wir unsere Unterwäsche, wie wir es bei Klementine gelernt haben, als Kochwäsche bei 90° C, später bei 60° C „gekocht", um eventuelle Bakterien abzutöten. Das war immer gut so. Irgendwann kamen plötzlich Waschmittel auf den Markt die mit einem gewissen Anteil an Desinfektionsmittel um die Gunst der Käufer geworben haben. Mal ehrlich, geht's noch? Wir desinfizieren unsere Unterwäsche? Ich bin weder Hygieniker noch Infektiologe, aber was genau vermuten wir in unserer Unterwäsche für Todeskeime? Und weitergedacht: Woher sollen die kommen? Da meine Unterwäsche quasi mehr Kontakt zu meinem Körper als zur Außenwelt hat, kämen diese Killerbakterien am ehesten aus meinem Körper; heißt, ich wäre damit schon infiziert. Schütze ich mit der Desinfektion also nun mich oder meine Oberbekleidung vor mir? Ganz ehrlich, ich verstehe es nicht. Aber trotz aller Expertenwarnungen, die uns jahrzehntelang versucht haben zu erklären, dass sinnfreier Desinfizierungswahn erst dafür gesorgt hat, dass Keime wie MRSA resistent werden, wird munter weiter desinfiziert.

Während der Corona-Krise haben Wissenschaftler in aller Deutlichkeit gesagt, dass Seife die Liposom-Hülle der Viren zum Platzen bringt. Somit wäre Händewaschen mit Seife das Mittel der Wahl gewesen. Aber nein, die Menschen fingen an, sich ihre Tische und ihre Kugelschreiber zu desinfizieren. Die Folgen sind für uns gar nicht absehbar. Aus der überproportionalen Angst vor Corona sind wir in einen regelrechten Desinfizierungswahn gekommen, dass wir nicht erkennen wollen, dass wir uns bei anderen Erregern der Grundlage einer Heilung oder Impfung im Zweifelsfall berauben.

WENN DER TEUFEL WÄHREND DER
MESSE AUF DEM
ALTAR SITZT !

Wer dahinter jetzt eine Generalabrechnung mit der Kirche vermutet, wird über den Inhalt dieses Kapitels erstaunt sein. Denn eigentlich knüpfe ich erst einmal am Ende des vorigen Kapitels an. Wenn ich vom Beispiel des Waschmittels mit Desinfektionsmittel ein paar Schritte zurücktrete, um das große Ganze zu betrachten, offenbart sich mir nicht nur ein Muster, sondern eher ein System und ein Wesenszug unserer Gesellschaft: Wer etwas verkaufen will, muss sich selbst seinen Markt schaffen. Dabei ist es unerheblich, ob in der Gesellschaft bereits ein Bedürfnis für etwas besteht oder nicht. Dieses lässt sich nämlich problemlos schaffen. Die Industrie hat erkannt, dass der einfachste Weg, den Bürger zum Kauf zu bewegen, über die Angst der Menschen geht. Man muss den Menschen nur im Vorfeld genügend Angst einjagen, dann entsteht beim Bürger automatisch das Bedürfnis nach Schutz. Schöne Werbespots mit animierten Bakterien, die sich auf unseren Küchenarbeitsplatten ganze Kolonien bauen, wecken in uns den Wunsch, die Platte mit den übelsten Chemikalien zu behandeln, die der Markt hergibt. Und was für ein Zufall: Der Spot, der uns auf diese Gefahr hinweist, kommt doch tatsächlich mit der Lösung ums Eck. Und ist diese Lösung, aus reiner Menschenliebe umsonst?

Ich will mal ein paar Beispiele geben. Darum beginne ich mit meinem Lieblingsthema – dem Fahrradhelm. In meiner Kindheit und Jugend war mein

BMX-Rad nicht nur mein Fortbewegungsmittel, sondern Freestyle war mein Leistungssport. Die Manöver die wir z. B. in der Rampe vollführt haben, waren aus meiner heutigen Sicht als Vater schier Kamikaze. Als Erwachsener habe ich rückblickend auch ein seltsames Gefühl dabei, wie wenig mir die Risiken damals bewusst waren. Aber wie dem auch sei; es war meine Leidenschaft für knapp zehn Jahre. Dort war ich in einer Community eingebunden und Fahrradhelme waren in den Achtzigern nicht gängig. So haben wir unsere Manöver tatsächlich ohne Helm praktiziert und sind dabei bis an unsere Grenzen gegangen. Viele von uns haben sich dabei verletzt. Wir haben uns Muskeln gezerrt, oder bei Stürzen Arme geprellt oder gebrochen. Nie aber habe ich es erlebt, dass einer auf den Kopf gefallen ist. Bis heute kenne ich persönlich niemanden, dem es beim Radfahren selbst passiert ist, oder dass jemand in meinem Umfeld mir von jemandem erzählt hätte, der so schwer auf den Kopf gefallen wäre. Auch nicht, beim *normalen* Radfahren. Ich will sagen, es ist selbstverständlich möglich, dass ich so unglücklich falle, dass ich einen Schädelbruch erleide, doch wie hoch ist die Wahrscheinlichkeit, dass dies tatsächlich eintritt? Ich denke, ein Lottogewinn dürfte wahrscheinlicher sein, denn da kenn ich tatsächlich jemanden der gewonnen hat.

Wie dem auch sei; obwohl für jeden Einzelnen von uns das Risiko sowieso schon relativ niedrig ist, überhaupt einen Unfall zu haben, ist das Risiko eines Unfalls mit schweren Verletzungen am Kopf ja noch ungleich niedriger. Aber selbst für diesen absurd seltenen Fall, tragen wir, fast schon religiös, bei jeder Fahrt einen Helm. Als wäre der Kopf das einzige Körperteil, an dem ich mich bei einem Unfall lebensgefährlich verletzen kann, schützen wir nur diesen. Ein Nachbar von mir wurde eines Nachts von einem Auto erfasst und so schwer verletzt, dass er fast gestorben wäre. Einen Helm hatte er nicht auf, trotzdem war an seinem Kopf nur der Unterkiefer gebrochen. Seit dem Unfall ist er arbeitsunfähig und vorzeitig verrentet worden. Wenn ich jetzt die Argumentation eines Helmverfechters aufgreifen würde, könnte ich damit auch dafür plädieren, dass wir nicht nur den Helm tragen sollten, sondern gleich einen Integralhelm, damit auch der Kiefer geschützt ist. Außerdem wäre ein Rückenpanzer für meinen Nachbarn gut gewesen. Damit hätte er sich eventuell den Rücken nicht verletzt und sich die vier Operationen in zwei Jahren sparen können. Auch hätte sich die Rippe nicht von hinten durch die Lunge gebohrt. Aber wo ziehen wir da die Linie zwischen Vorsicht und Paranoia? Man möge mir meinen Sarkasmus verzeihen: Mein Vorschlag wäre eine Ritterrüstung. Das bringt mich aber gleich zu meinem nächsten Gedanken: Sind die Köpfe von Fußgängern tendenziell stabiler oder weniger schützenswert? Sollten wir dann nicht folgerichtig den Fußgängern auch gleich Helme aufsetzen? Da würde man aber genau definieren müssen, wann eine Person bereits am Straßenverkehr teilnimmt, oder lediglich schnell zur Mülltonne geht.

Ich möchte es auch nicht versäumen, noch folgende Anekdote aus meinem Leben zu erzählen. Als ich in die 4. Klasse ging, war der Großteil unseres Unterrichts in einem Klassenraum im 1. Stock. Es gab bei uns die saublöde Angewohnheit, sich nach dem Unterricht mit dem Bauch über das Treppengeländer zu legen und bis ins Erdgeschoss nach unten zu rutschen. Klar wurden wir von den Lehrern mit schöner Regelmäßigkeit ermahnt und es gab hier und da auch mal einen Verweis, wenn man es trotzdem gemacht hatte. Interessiert hatte uns das eigentlich nie. Bis zu dem Tag, als mein Klassenkamerad dies mit seinem Rucksack auf dem Rücken gemacht hat. Noch relativ weit oben im

Treppenhaus schob sich der Rucksack von hinten über seinen Kopf und er bekam sofort Übergewicht nach vorne. Er fiel mit dem Kopf voraus die kompletten vier Meter in die Tiefe und blieb regungslos auf dem Fliesenboden liegen. Um es kurz zu machen, er hatte einen Schädelbasisbruch und wäre fast daran gestorben. Worauf ich hinaus will: Hier hat sich offenbart, dass im Treppenhaus eine Gefahrenquelle ist, die zu nicht unrealistischen Unfallszenarien führen kann. Würde aber jemand auf die Idee kommen, Helme im Schulhaus zu tragen? Jetzt könnte man mir entgegnen, dass in diesem Beispiel jemand etwas getan hat, was er nicht hätte machen dürfen. Meine Antwort darauf: Wenn im Straßenverkehr jeder das machen würde, was er machen soll, bestünde dort auch für niemanden eine Gefahr.

Ein weiteres gutes Beispiel sind die Kindersitze im Auto, bei denen ich auch so manches seltsame Erlebnis hatte. Ich erinnere mich an den Kauf unseres ersten Kindersitzes nach der Babyschale. Laut *Stiftung Warentest* standen drei Modelle zur Auswahl. Zwei davon waren die beiden bekanntesten Namen, die im Test genauso gut abschnitten wie ein weiteres Produkt, welches preislich wesentlich günstiger war. Wir haben uns brav alles erklären lassen und uns wurde haarklein veranschaulicht, was beim Unfall alles passieren kann. Ich war kurz davor, mein Auto zu verkaufen. Mir wurde natürlich der Kindersitz des Platzhirschen empfohlen. Der Günstigere, der im Test genauso gut abgeschnitten hatte, wurde uns nicht wirklich ans Herz gelegt. Auf meine Nachfrage, was damit wäre, hieß es, er wäre nicht so gut. Als ich leicht irritiert den vorher studierten Test zitierte wurden meine Argumente mit einem absolut perfiden Satz abgewiegelt: „Na ja, wenn Ihnen Ihr Kind nicht mehr wert ist?". Ich war absolut entsetzt. Das sollte meine niedersten Instinkte ansprechen, was für einen kurzen Moment tatsächlich funktioniert hatte. Ich muss dazu sagen, ich bin aus einer Generation, in der die Rücksitze nicht mal Gurte hatten. Und ich sowie auch alle meine Freunde haben das unbeschadet überlebt. Klar gab es auch zu dieser Zeit tödliche Unfälle. Deswegen melde ich trotzdem an der Sinnhaftigkeit dieser Kindersitze meine Zweifel an. Denn auch hier halte ich eine Risikobewertung wie beim Fahrradhelm für angebracht. Und ich möchte betonen, Übervorsicht ist keine Risikobewertung, sondern ist einfach nur Übervorsicht!

Aber zurück zum Kauf des Kindersitzes: Ich habe den Günstigen genommen, weil ein Kindersitz natürlich wichtig ist, ich mir aber sicher war, wenn der Preiswertere für die Stiftung Warentest gut genug war, dann ist er es auch für uns. Meine Tochter lebt übrigens noch. Krass finde ich in diesem Zusammenhang – Helm und Kindersitz – dass es in unserer Gesellschaft keinen Raum für Diskussionen gibt. Das darf keinesfalls hinterfragt oder gar angezweifelt werden. Diese Themen werden als „gegeben" hingenommen. Wer diese in Frage stellt, oder kritisch sieht, wird von seinem Umfeld stigmatisiert und sofort als unverantwortlich angesehen. Ein Zwang, von dem ich unterstellen würde, dass er von der Industrie mindestens befeuert und ausgenutzt wird. Ich zweifle nicht an, dass Kindersitze unsere Kinder im Falle eines Unfalls schützen, aber es geht mir darum wie wahrscheinlich das ist. Die nächste Frage wäre, wenn wir irgendwann selbstfahrende Autos bekommen werden, trauen wir uns dann, uns nicht mehr anzuschnallen und werfen unsere Kindersitze auf den Müll? Ich habe da so meine Zweifel, dass wir dazu dann den Mut haben werden, dies gesetzlich zu beschließen.

Religion ist auch so ein System, das ganz massiv auf dem Prinzip *Angst* aufbaut. Selbst wenn einem schon normale Gottesdienste surreal vorkommen, wird das Bild bei Beerdigungen noch einmal ein viel deutlicheres. Als jemand, der leider schon auf viele Beerdigungen gehen musste, sehe ich einen deutlichen Unterschied zwischen Beerdigungen in Aussegnungshallen die durch Freidenker abgehalten werden und christlichen Beerdigungen in Kirchen. Ich habe es nicht nur einmal erlebt, dass man trotz des Verlustes einer geliebten Person irgendwie in der Lage ist, seinen Frieden damit zu machen. So fährt man sicherlich mit einer gewissen Traurigkeit zur Kirche, um Abschied zu nehmen, aber auf eine gewisse Weise ruht man auch in sich. Wenn man sich als Gruppe auf den Weg macht, kommt es oft sogar zu „fröhlichen" Situation, wenn man sich freudig an denjenigen erinnert. Spätestens bei der kirchlichen Beerdigung kippt in einem selbst dann doch die Stimmung, ohne dass man sich dagegen wehren kann. Denn dort werden, fast schon hollywoodartig, alle Register der emotionalen Bespielung abgefeuert. Erst kommt man in dieses kalte Kirchengebäude – und damit meine ich wirklich die Temperatur – wo man sich unweigerlich fragt, ob das nicht tatsächlich passiert, um die Stimmung im wahrsten Sinne des Wortes runter zu kühlen. Man fragt sich auch, warum die Kirchenmusik nicht mit Geigen und Cembalo oder Flöten ist, sondern mit dieser nervenzerfetzenden Orgel. Diese drögen Akkorde und Melodien verfehlen ihre Wirkung genauso wenig wie John Williams´ Kompositionen bei Schindlers Liste. In den nächsten anderthalb Stunden hört man gefühlt noch einmal die komplette Leidensgeschichte Jesu und der damit verbundene Schuldvortrag macht einem offensichtlich, dass in der Kiste dort vorne genauso gut Kermit der Frosch liegen könnte; es könnte für den Priester kaum weniger eine Rolle spielen. Wenn durch dieses Programm dann tatsächlich kaum einer mehr seine Tränen zurückhalten kann, dann erbarmt sich der Mann mit der Robe doch noch, drei emotionslose Sätze über den Verstorbenen zu verlieren; Nur um dann den Sack zu zumachen. Dann wird nämlich klar, worum es geht: Religion ist die Lösung für unsere Trauer. Wer nur fleißig glaubt, bei dem wird alles gut. Dass diese ganze Veranstaltung bei mir aber erst auf perfide Weise alle Knöpfe gedrückt hat, damit ich mich richtig beschissen fühle, das will offensichtlich keiner sehen. Vielleicht weil viele in der Kirche auch ihre Rückversicherung sehen.

Das bringt mich zum nächsten Stichwort: Versicherung. Versicherungsvertreter sind wahre Künstler. Deren schwarzgemalte Geschichten könnten in Filmen kaum düsterer ausgeschmückt sein. In meinen Augen findet da eine Risikobewertung statt, die mit der Realität absolut nichts zu tun hat. Aber da trifft es sich doch super, dass er auch gleich mit der Lösung dafür ums Eck kommt. Unterschreiben Sie hier, hier und hier.

Ich könnte noch mehr Beispiele aufzählen, aber eine Sache wird auch so deutlich erkennbar: Mit Angst kann man Geld verdienen oder seinen Willen durch drücken. Gezielt geschürt, auch dort, wo ursprünglich vielleicht nie Bedenken waren. Für viele fällt auch dies unter das Thema *Verschwörungserzählung*. Aber warum werden dann regelrechte Muster sichtbarer, je weiter man zurückgeht und das ganze Bild betrachtet? Da offenbart sich diese Strategie bei rechten Parteien, die uns vor *Horden von Migranten* warnen und, oh Wunder, die Lösung parat haben. Das erkenne ich bei der Klimabewegung, die uns erst davon erzählt, dass der Planet jetzt schon so gut wie verloren ist, um dann wie bei einem Zaubertrick die E-Mobilität und erneuerbare Energien aus dem Hut zu zaubern. Und bei der Politik, die uns Szenarien wie bei der Pest ausmalt, um uns damit auf die Maske einzuschwören. Ich streite nicht ab, dass vieles davon im Kern stimmt. Aber es ist nicht von der Hand zu weisen, dass hier das Werkzeug der Wahl die Angst ist, um den Bürger vom Denkprozess weg direkt zur präsentierten Lösung umzuleiten. Erschreckend ist hier nur, dass, selbst wenn es einem auch bewusst ist, diese Mechanismen trotzdem perfekt funktionieren. Widerstand ist quasi zwecklos. Möglich ist aber auch, dass diese Art, die Welt gezeichnet zu bekommen, für manche Menschen wiederum eine komfortable Position ist.

VERLIEREN

Da keiner von uns die Zeit hat, sich täglich die neuesten Nachrichten aus unzähligen Quellen zusammen zu suchen, nutzen wir Massenmedien. Das kann eine Zeitung, das Radio, TV oder ein Podcast sein. Seit mehreren Jahren kommt verstärkt auch das Internet hinzu.

Da wir in Deutschland in einer Demokratie leben, sind unsere Medien frei. In der Regel können wir davon ausgehen, dass die Informationen, die wir durch diese Kanäle bekommen, nicht durch den Staat oder Interessengruppen manipuliert oder zensiert sind. Zwar sind einzelne Medien erkennbar innerhalb des demokratischen Spektrums verortet, was ich aber nicht als Filter oder Manipulation ansehe sondern lediglich als eine Art „Brille". Deshalb bringe ich unseren Medien nach wie vor uneingeschränkt mein Vertrauen entgegen.

Es gibt aber jede Menge Leute die unseren Medien dieses Vertrauen nicht mehr entgegenbringen. Obwohl man die ARD nicht mit dem russischen Staatsfernsehen vergleichen kann, glauben manche Menschen, dass sie eine Kontrolle durch den deutschen Staat erkennen könnten. Der einfachste Weg wäre jetzt, diese Bürger in das Lager der Verschwörungserzähler zu verorten. Ich kenne tatsächlich einige dieser Leute in meinem Umfeld. Das sind wahrhaft keine Verschwörer. Sie sind auch nicht dumm oder antidemokratisch.

Sie halten sich eher für ganz besonders wach und aufmerksam und glauben, gut informiert zu sein. Auch wenn sie nicht als Anhänger einer Verschwörungserzählung zu verstehen sind, suchen sie aber doch geradezu militant nach anderen Quellen, um sich von den gängigen Medien lösen zu können. Logischerweise, fühlt sich ein alternativer Kanal erst wie eine Alternative an, wenn er nicht die exakt gleichen Nachrichten verbreitet wie die bekannten Medienhäuser. Somit wird natürlich klar, warum die Leute sich für die entscheiden, welche dann doch eher gewagte Thesen verbreiten. Ein paar dieser Zeitgenossen haben dann aber doch den Gong nicht gehört und geraten dann in eine Spirale, in welcher sie dann über weitere Thesen wiederum zu fragwürdigen Quellen geführt werden. Man könnte jetzt einfach fragen, warum diese Leute auf so einen Mist reinfallen? Aber das wäre mir als Frage einfach zu kurz gedacht. Ich bin ein Verfechter davon, die richtigen Fragen zu stellen. Und die einzig richtige Frage ist, wieso haben diese Leute überhaupt erst das Vertrauen zu den regulären Medien verloren?

Meine Theorie ist, dass die Massenmedien in den letzten Jahrzehnten ihren Fokus ein bisschen aus den Augen verloren haben. Da wurde mir persönlich auch das Augenmerk eher in Richtung „reißerische Headlines" anstatt „verantwortlichem Informieren" verschoben. Ich halte mich für wach genug, dass ich erkenne, wann man versucht, bei mir alle Knöpfe zu drücken. Um meine Aufmerksamkeit zu bekommen, wird in der Headline nicht nur der prägnante Teil eines Statements zitiert, sondern es wird teilweise aus dem Kontext gerissen, dass die Aussage eine völlig andere wird. Ich gebe mal ein Beispiel, das ich genau so beim Online-Portal eines deutschen Nachrichtensenders gelesen habe: Wo Karl Lauterbach beim Interview noch sagte,

„Ein zweiter Lockdown ist unumgänglich, wenn wir uns jetzt nicht an die Maßnahmen halten", machte der Autor daraus dann die Headline „Ein Lockdown
ist unumgänglich". Natürlich hat Karl Lauterbach diese Worte in dieser Rei-
henfolge 1:1 gesagt! Aber der Journalist der ihn zitiert weiß ganz genau, dass er
mit dem Weglassen des Nebensatzes eine viel brisantere Aussage schafft. Und
zwar eine die so inhaltlich nie gemacht wurde. Denn in der originalen Version
von Karl Lauterbach, hätte die Bevölkerung noch eine Option gehabt, in das
Geschehen einzugreifen. In der Version der Zeitung hatte die Bevölkerung das
nicht mehr. Das bewirkt doch etwas anderes beim Leser! Egal ob ich mit Karl
Lauterbach inhaltlich übereinstimme oder nicht; ich finde er hat ein Recht
darauf, so zitiert zu werden, wie er es gemeint hat. Denn er muss für seine
Aussagen auch schlussendlich die Verantwortung übernehmen. Nach einer
inhaltlichen Manipulation von diesem Ausmaß muss man klar sagen, dass
sein Gesicht in der Öffentlichkeit mit einer Aussage in Verbindung gebracht
wurde, die er nicht getroffen hat. Und das weiß der Autor sehr wohl.

Ich möchte noch einmal zum Beginn dieses Kapitels zurückkehren, wo
es um staatliche Kontrolle oder Zensur ging. Davon sind wir, soweit ich das
einschätzen kann, Lichtjahre entfernt, weil ich wirklich überzeugt bin, dass
unsere Medien relativ unabhängig sind. Aber können wir bei so einem Beispiel
wie der Lockdown-Headline wirklich von objektiver Berichterstattung sprechen? Innerhalb des Artikels, über dem diese Headline stand, wurde natürlich
das gesamte Zitat abgedruckt und der tatsächliche Inhalt somit wiedergege-
ben. Aber dennoch hatte die ganze Sache nach dem Lesen des Artikels bei
mir einen leichten Nachgeschmack hinterlassen. Denn ich habe mich beim
Lesen der Headline erschrocken und deswegen den Artikel erst angeklickt.

Auch nachdem ich den Artikel gelesen hatte, habe ich diese Emotion noch nicht vergessen. Und über diese Art, mich zu ködern über meine Angst, habe ich mich maßlos geärgert.

Es gibt Leute, die aus Zeitnot oftmals nur schnell auf dem Smartphone die Headlines überfliegen, um grob das tägliche Geschehen aufzunehmen. Diese Menschen gehen dann in die Welt und kolportieren das Gelesene weiter. Natürlich wäre es besser, beim Frühstück die komplette Zeitung zu lesen. Aber erstens: Wer hat die Zeit? Und zweitens nimmt das Smartphone zunehmend auch die Rolle der Zeitung ein. Darum würde ich von den Medien das entsprechende Verantwortungsbewusstsein erwarten, dass diese Dinge, wie das sich verändernde Verhalten der Leser, mit bedacht werden. Und genau dieser laxe Umgang mit der Wahrheit macht es so manchem Zeitgenossen schwer, einzuschätzen, ob wir da noch von der Wahrheit sprechen.

Auch für mich ist es eine bedenkliche Entwicklung, dass demokratische Bürger das Vertrauen in unsere Medien verloren haben. Genau jene Medien würden uns aber auch gerne weismachen, dass diese Entwicklung darauf zurückzuführen wäre, dass bei diesen Leuten eine Schraube locker ist. Aber damit weisen die Medien nicht nur jegliche Verantwortung von sich, sondern befeuern die Situation noch. Damit holt man Abgewendete nicht nur nicht wieder zurück, sondern treibt sie noch stärker in die Hände der Populisten. Und damit tun sie sich selbst auch keinen Gefallen. Da ich den einschlägigen Bewegungen, die sich bestimmten Verschwörungserzählungen verschrieben haben, keine Plattform bieten möchte, nenne ich hier auch keine Namen. Ich halte sie für ein zeitlich begrenztes

Phänomen und wenn der Name irgendwann mal aus den Medien ist, will ich ihn hier auch nicht weiterleben lassen. Aber ich nehme diese Bewegungen trotzdem ernst, denn ich denke, dass sie im Umgang mit den Menschen subtiler agieren als uns lieb ist – auch wenn *subtil* nicht auf deren Thesen zutrifft.

Aus meiner Sicht wäre es eine der Hauptaufgaben unserer gesamten Medienlandschaft, sich seine Glaubwürdigkeit wieder zu erkämpfen. Wenn es bei den Zweiflern genügt, dass die Wahrheit zurechtgebogen wird, um das Vertrauen in die Medien zu verlieren, wäre es das Wichtigste, dass die Macher durch eine weniger sensationslustige Aufmachung das Vertrauen zurück gewinnen. Denn noch haben wir sie nicht verloren.

VORBILDER ODER VERBILDER

So sehr wir von uns glauben möchten, dass wir unsere Entscheidungen alle selbst und aus freien Stücken treffen, liegen wir doch weit entfernt von der Realität. Es ist nämlich, selbst als reflektierter Mensch, gar nicht so einfach, stets seiner eigenen Linie treu zu bleiben. In einer relativ gleichgeschalteten Welt seiner eigenen Linie zu folgen, bedeutet, immer wieder ungläubige Blicke und verächtliche Kommentare zu ernten. Mal ganz nebenbei: Falls für jemanden das Wort „gleichgeschaltet" befremdlich klingen sollte; das klingt für mich genauso furchtbar. Aber objektiv betrachtet stimmte es zur Zeit der Beatles, als alle mit Pilzkopf-Frisuren rumliefen, genauso wie heute, wo Männer den typischen Hipster-Look aus Basecap, Brille und Vollbart dem eigenen Gesicht vorziehen.

Aber zurück zu meinem vorigen Gedanken. Der eigene Weg ist ja nicht nur eine wahllos zurechtgelegte generische Richtschnur, sondern hat für mich viel mit meiner tiefsten Überzeugung zu tun. Das spiegelt sich in meiner Kleidung, meinem Auftreten, meinem Musikgeschmack und sicher auch in dem, was ich sage, wider. Darum hat das „Sich-dem-Mainstream-anpassen", für mich viel mit dem Verrat an den eigenen Prinzipien zu tun. Das ist etwas, was ich mir selbst nicht verzeihen will. Deshalb ist es mir auch nicht möglich, mein Kind anders zu erziehen, als ich es für richtig halte.

Mein Vater war ein Kriegskind, für den Disziplin essenziell war. Diese konservative Strenge ist seit meiner Kindheit ein Teil von mir und ich kann nicht sagen, dass ich diese Strenge jemals abgelehnt hätte. Vielleicht ist das der Grund, warum bis heute Strenge eine wichtige Konstante in meinem Leben darstellt – auch in meiner Rolle als Vater. Aber der eigene Weg steht permanent im Vergleich mit anderen Vorbildern, die mal mehr und mal weniger Relevanz für unsere Kinder haben. Dazu gehören in aller erster Linie die Großeltern, Lehrer und Erzieher aber auch die Stars unserer Kinder. Auch das, was unsere Kinder in Filmen oder TV-Sendungen sehen, leistet meist einen unterschwelligen Erziehungsbeitrag. Besonders in Deutschland bemerkt man in Unterhaltungsprogrammen den plump versteckten Bildungsauftrag, den Sendeanstalten glauben zu haben. Durch ihn wird versucht, aktuelle Themen bei der Zielgruppe zu platzieren und sie für diese vorzukauen. Überraschende oder erfrischende Impulse sucht man hier vergeblich. Das Verhängnisvolle an den Massenmedien im Allgemeinen ist oftmals, dass die kolportierte Botschaft gerne mit sehr viel Pathos und Emotion vorgetragen wird, aber trotzdem enttäuschend wenig mutig ist. Das Spektrum der erzieherischen Botschaften in Filmen und TV-Sendungen ist auf eine heile Welt und darauf fixiert, wie die Gesellschaft sich im Idealfall selbst gerne sehen würde. Aber da dieses Idealbild eigentlich ein Trugschluss ist, werden unsere Kinder mit einer unerreichbaren Fiktion verblendet. Ein bisschen wie die Karotte an der Schnur.

Ein anderer Druckpunkt für mich als Erwachsener sind andere Eltern aus dem Kindergarten, dem Hort oder der Schule. Nicht dass ich mir diese zum Vorbild nehmen würde. Dafür sind mir die meisten, mit Verlaub, zu spießig. Aber ich würde lügen, wenn ich sagen würde, dass diese keinen Einfluss auf mich haben. So sehr mich dieses ewige Wetteifern um den imaginären Titel „Eltern-des-Jahres" nervt und so sehr ich versuche, mich da raus zu halten, beeinflusst es mich doch immer wieder in meinem Denken und Handeln. Wenn man ständig nur Eltern sieht, die versuchen sich gegenseitig mit ihrem Bio-Essen, ihrer Anti-Cola-Überzeugung und ihren peinlichen Überzügen für die Fahrradhelme zu übertrumpfen, dann findet man sich in schwachen Momenten doch kurz am Zweifeln, ob man nicht doch der Einzige ist, der falsch liegt. Für diesen kurzen Moment der Schwäche verachte ich mich dann jedes Mal selbst. Das kommt nicht oft vor, aber spätestens dann, wenn Eltern, deren eigene Animositäten mit anderen Eltern über ein Kontaktverbot der Kinder austragen, dann ist es bei mir wieder soweit. Was mich daran am meisten ärgert ist, dass ich deren Lebensweise für mich nicht ablehnen kann, obwohl ich ihnen meine auch nicht aufzwingen möchte.

EHTISCHES
VERSTÄNDNIS UND
FALSCHE PROPHETEN

Wir hatten es in einem vorigen Kapitel darüber, dass nicht alles, was man sagen darf, auch wirklich gesagt werden sollte. Über die Wissenschaft hatten wir es auch schon. Auch über Verantwortung waren schon viele Gedanken dabei. Wenn ich diese miteinander verbinde, komme ich unweigerlich bei der Forschung heraus. Und da muss ich sagen: Nicht alles, was wir auf diesem Gebiet können, ist auch wirklich gut für uns.

Wenn man bei der Forschung und ihren unzähligen Visionären, wie z. B. Elon Musk, ins Schwärmen gerät, sollte man sich ganz viele unserer bisherigen Errungenschaften genauer ansehen. Ich meine dabei nicht das Automobil oder das Smartphone. Auch meine ich damit nicht unsere Fähigkeit, am offenen Herzen operieren zu können. Ich rede wieder einmal von unserer Verfassung und von unseren Werten. Auch dies sind echte Errungenschaften!

Bei unserem Drang, uns stetig weiterzuentwickeln, steht meist tatsächlich ein guter Gedanke dahinter. Was sich viele aber nicht bewusst machen, ist, dass alles, was man für einen positiven Zweck entwickelt, immer auch für böse Ziele entfremdet werden kann. Es gibt sogar Errungenschaften, die im Negativen einen noch stärkeren Effekt haben als im Positiven. Nehmen wir doch mal die Nuklear-Forschung. Der Ansatz, eine hocheffiziente saubere Energieform zu entwickeln, ist sicher ein löbliches Ansinnen. Aber wenn man sieht, was in Form von nuklearen Waffen aus dieser Technologie gemacht wurde, stellt man fest, dass dort die Büchse der Pandora geöffnet wurde. Jetzt mag man mir entgegnen, dass dies andere Wissenschaftler waren als diejenigen, die an der nuklearen Energiegewinnung geforscht haben. Aber das ist genau die Verantwortung, welche die Wissenschaft oft vermissen lässt. In meinen Augen sind die Wissenschaftler in der Verantwortung, sich über ihre wissenschaftlichen Ziele so umfänglich Gedanken zu machen, damit ihnen klar wird, was daraus auch im Negativen resultieren könnte. Am Ende dieses Denkprozesses muss sich die Wissenschaft zudem klar entscheiden, ob die Errungenschaft schlussendlich erstrebenswert ist und die Menschheit mit allen daraus resultierenden Konsequenzen leben kann. Man würde sich im Nachhinein wünschen, die Entwickler der Nukleartechnologie hätten damals anders entschieden.

In diesem Entscheidungsprozess stecken seit Langem Forschungsgebiete wie die Stammzellenforschung und die künstliche Intelligenz fest. Bei ersterem wäre für manche Patienten eine echte Chance auf Heilung. Aber die Gefahr, dass dort an Technologien geforscht würde, mit denen man auf die Gene von ungeborenem Leben fast schon designerartig einwirken könnte, lässt mich bis ins Mark erschaudern. Hier muss dringend mit ethischen Maßstäben abgewogen werden, ob uns das nicht als Menschheit schadet. Theoretisch kann ich das Bedürfnis des Homosapiens, sich stetig verbessern und perfektionieren zu wollen, schon irgendwie nachvollziehen. Was mich an diesem Drang aber stört, ist, dass der Mensch immer versucht, sich und die Dinge um ihn herum über Parameter von außen zu verbessern. Nicht von innen heraus. Wo wir wieder bei seiner Faulheit angekommen wären. Damit will ich sagen: Im seltensten

Fall sucht der Mensch automatisch nach einer Lösung bei sich selbst. Weil hier der Aufwand hoch und meist unangenehm wäre. Bei der Suche nach einer bequemen Lösung fällt der Mensch auch immer wieder auf falsche Propheten herein, die mit Visionen zur Verbesserung der Menschheit immer wieder Millionen in ihren Bann ziehen. Warum sollten wir unser Gehirn mit einem Chip tunen, wenn wir sowieso nur einen Bruchteil dessen nutzen, was wir an Gehirnmasse schon haben. Weil wir dann lernen müssten und wir dafür zu faul sind. Vielleicht aber ist der Gedanke, dass die Verbesserung zwangsläufig immer in der Veränderung liegen muss, schon grundsätzlich falsch.

Ich will unter keinen Umständen den Fortschritt blockieren und die Evolutionsbremse spielen. Aber wenn Evolution zum Selbstzweck verkommt und die Konsequenzen außer Acht gelassen werden, drängt sich mir der Verdacht auf, dass es nicht darum geht, Dinge zu entwickeln, weil man sie braucht, sondern weil man es kann. Was andere dann damit anstellen können, wäre die Kehrseite der Medaille. Die Gefahr, die ich bei den falschen Propheten sehe, ist, dass der eigene Eintrag in die Geschichtsbücher das alles überwiegende Kriterium ist. Ob dabei alle Konsequenzen immer bis ins letzte Detail bedacht wurden, wage ich zu bezweifeln. Sicherlich mag es verlockend sein, als der Schöpfer der künstlichen Intelligenz in die Geschichte einzugehen; der Erfinder des Kühlschranks, der die Lebensmittel vollautomatisch über das Internet bestellen kann. Aber dass derjenige dann auch gleichzeitig der ist, welcher die kollektive Verdummung der Menschheit in Gang gesetzt hat, wird dabei vollkommen ausgeblendet.

Ob eine wirklich innovative Idee generell immer konträr zur Ethik steht, ist eine fundamentale Frage. Mir scheint es tatsächlich eher unmöglich, dass eine extrem innovativ gedachte Idee möglich ist, wenn einem die eigene Ethik und Moral im Weg stehen, da beide ein vorgegebener Rahmen sind. Und wenn alle nur innerhalb eines vorgegeben Rahmens denken, dürften die Ideen relativ gleichförmig ausfallen. Innovation muss also immer außerhalb dieses Korsetts gedacht werden, weshalb es wichtig wäre, dass innovative Köpfe zu jeder Zeit die Größe besitzen, sich von Menschen, deren moralischer Kompass voll funktionsfähig ist, ihre Schranken aufweisen zu lassen.

Andererseits: Ideen, die moralisch eher problematisch sind, gar nicht erst denken zu wollen, aus Angst, die Konsequenzen wären zu fatal, wäre auch kurzsichtig. Immerhin wird man selbst kaum der Einzige sein, der auf diese Idee kommen wird. Früher oder später werden andere auf die gleiche Idee kommen, aber man wird sich nicht auf deren moralisches oder ethisches Verständnis verlassen können. Deswegen empfinde ich es als verantwortliches Handeln, sich dem gesamten Denkprozess zu stellen. Dabei empfände ich es auch als Innovation, eine vermeintlich „innovative Idee" für menschheitsuntauglich zu befinden und es einfach zu lassen.

UNSER
BILDUNGSSYSTEM –
DIE EWIGE BAUSTELLE

Eng verbunden mit dem Thema *Wissenschaft* ist unser Bildungssystem. Der aktuelle Zustand unseres Bildungssystems schockiert mich als Vater ganz besonders. Da mir diese Aussage, Sekunden nachdem ich sie getippt habe, schon wieder zu unspezifisch ist, werde ich wohl wieder etwas ausführlicher beschreiben müssen, warum dieses Urteil eigentlich doch nicht so pauschal gemeint ist.

Wenn man zum Beginn der Industrialisierung zurück geht, muss man feststellen, dass dieses Schulsystem auf mehr oder weniger perfide Weise gut funktioniert hat. Ich weiß nicht, ob das jemand so aussprechen möchte – was mir persönlich egal ist – aber das Schulsystem war auf eine bestimmte Sache relativ gnadenlos hin konzipiert: Auslese. Unsere Gesellschaft war auf eine gewisse Weise beschaffen: Es gab Wissenschaftler, Künstler, Schriftsteller, Handwerker, aber vor allem gab es jetzt Fabriken. Es gab richtig viel Arbeit, die erledigt werden musste. Die Gesellschaft hätte damals keine 62 Millionen Lyriker oder Germanisten gebraucht. Auch braucht eine Nation von 62 Millionen Menschen keine 62 Millionen Ärzte. Dann hätte jeder nur einen einzigen Patienten. Der Plan muss ein anderer gewesen sein. Man musste über das Schulsystem die wenigen, geistig Leistungsfähigeren herausfiltern, die dann in den akademischen Bereich gehen konnten, und der Rest musste in die anderen

Wirtschaftsbereiche eingeführt werden. Das hieß im Umkehrschluss auch, dass viele die Arbeiten im Handwerk und in den Fabriken verrichten mussten. Was wäre da besser als ein parallel angelegtes Schulsystem, in dem man grob in drei Bildungsklassen unterteilt: die Akademiker, die mittlere Bildungsschicht und die Arbeiter. Also kam man auf die Volksschule, die Realschule und das Gymnasium.

Aus meiner Sicht hatte zu meiner Schulzeit dieses System auch noch Bestand. Klar war der Rohrstock bereits abgeschafft, aber an sich unterschied sich die Struktur für mich kaum von dem was mir mein Vater aus seiner Schulzeit überliefert hatte. Bis in die Achtzigerjahre hatten wir bei uns in Nürnberg immer noch eine blühende Industrie. Marken wie *Triumph Adler, Cebal, Hercules, Grundig, Philips* und *National Machinery* hatten regelrechte Fabrik-Komplexe mit jeweils mehreren Tausend Mitarbeitern. Man konnte sprichwörtlich von einer Firma zur nächsten wechseln.

Zu meiner Grundschulzeit waren wir ca. 28 Kinder in der Klasse. Aber nur ganze drei davon gingen nach den ersten vier Jahren aufs Gymnasium. Der Rest blieb erst einmal. Weitere zwei Schüler wechselten ein Jahr später auf die Realschule. Der Rest von uns blieb auf der Hauptschule. An den Jahrgängen vor uns konnten wir ersehen, in welche Bereiche wir nach unserer schulischen Laufbahn vordringen durften. Immer wieder sahen wir Schüler danach in Ausbildungen im Handwerk unterkommen, z.B. KFZ-Mechaniker, Elektriker, Flaschner, Installateure oder Schreiner. Viele von ihnen lernten aber auch industrielle Berufe, wie Maschinenschlosser oder Werkzeugmechaniker. Auch sahen wir die Mädchen in Berufen wie Zahnarzthelferin oder Kindergärtnerin –

wie es damals noch hieß. Aber auch einige gingen nach der Schule ins Berufs-vorbereitungsjahr, um danach direkt in den Fabriken an den Fertigungsstraßen oder in der Produktion *ungelernt* unterzukommen. Lediglich den absolut Besten unter uns Hauptschülern war eine Ausbildung im kaufmännischen Bereich möglich, z. B. Bürokauffrau oder Bankkaufmann. Denn dies war wiederum eher der Bereich für die Schüler der Realschulen. In diesem Pool bedienten sich vielmehr Steuerkanzleien, Behörden oder Banken. Hier genossen eher die späteren Angestellten in den Büros und Behörden ihre Schulausbildung. Auch die Medienberufe wie Schriftsetzer (Vorgänger des Mediengestalters) oder Fremdsprachenkorrespondenten konnten mit Mittlerer Reife diesen Berufs-zweig einschlagen. Die Kinder, die es bis zum Abitur geschafft hatten, haben in der Regel studiert. Ich betone, dass ich hier keine Wertung in meiner Feststel-lung habe. Ich stelle den Abiturienten nicht über Hauptschüler. Die Situation war aber, dass für jeden Bildungsweg am Ende eine Perspektive in einem dafür „vorgesehenen" Bereich unseres Arbeitsmarktes war. Und darauf wurde jeder vorbereitet. Bei den Optionen, die uns auf der Hauptschule eröffnet wurden, war nicht angedacht, dass einer von uns in die Raketenphysik gehen könnte. Aber man würde einen tollen Schreiner abgeben.

Bevor ich aber nun in die Gegenwart zurückspringe, mache ich noch ein-mal einen Zwischenstopp in den Neunzigerjahren. Damals war es so, dass sich ein regelrechtes Industriesterben in Deutschland ereignet hatte. Da ich kein Ökonom bin, analysiere ich keine globalen wirtschaftspolitischen Zusammen-hänge sondern kann nur das wiedergeben, was ich selbst in meinem Leben gesehen habe. Zu Zeiten meiner ersten Ausbildung zum Werkzeugmechaniker habe ich feststellen müssen, dass viele Produktionsschritte des Unternehmens aus Kostengründen nach Polen oder Belarus verlagert wurden. In diesem Zeitraum sind jene Firmen, die ich im vorigen Absatz aufgezählt hatte, verlagert, verkauft oder geschlossen worden. Nicht ein einziges der von mir aufgezählten Unternehmen existiert an diesem Standort noch. Dadurch sind vor der Jahrtausendwende bereits zigtausende Arbeitsplätze in der Industrie, allein in der Region Nürnberg, weggefallen. Das war auch in anderen Gegenden in Deutschland so. Deshalb begann damals schon die Diskussion darüber, dass wir uns so langsam von der Industrie weg, in Richtung Dienstleistungsgesellschaft entwickeln würden.

Zurück in der Gegenwart hat sich diese These leider schmerzhaft bestätigt. Zwar haben wir immer noch viele industrielle Betriebe, diese sind aber nur noch auf die Entwicklung fokussiert und produzieren ihre Produkte in Fernost. Das heißt, dass selbst bei diesen Industriebetrieben nur noch sehr wenige Tätigkeiten mit handwerklichem Hintergrund benötigt werden. Man kann jetzt natürlich argumentieren, dass dafür Fachkräfte im Bereich Engineering gebraucht werden. Aber diese Rechnung geht nicht auf. Denn an exakt jenen Standorten, an denen vorher 5000 Arbeiter Güter hergestellt haben, finden sich vielleicht nur noch 500 Ingenieure. Da bleibt nach meiner Rechnung eine Lücke von 4500 Menschen, die nicht mehr gebraucht werden.

Auch heute brauchen wir natürlich keine 80 Millionen Akademiker. Daran hat sich im Prinzip nichts geändert. Aber was mir beim Schulübertritt meiner Tochter auffiel, ist, dass in ihrer Klasse der Anteil derer, die aufs Gymnasium gewechselt sind, wesentlich höher war als zu meiner Zeit. Bei ihr waren es von 25 Schülern bereits 17, die den Übertritt geschafft haben. Ich wage jetzt mal die steile These, dass da Schüler dabei waren, die in den Achtzigerjahren den Übertritt so nicht geschafft hätten. Das führte aber dazu, dass mehr Schüler nach dem Abitur die Möglichkeit hatten, zu studieren, als überhaupt Studienplätze zur Verfügung stehen. Deswegen passierte es immer öfter, dass Abiturienten anstatt zu studieren eine Ausbildung machten. Dass diese aber in der Regel nicht zu den handwerklichen Berufen wie Schreiner oder Fleischer gegriffen haben sondern sich eher in Richtung Mediengestalter oder Steuerfachgehilfe orientiert haben, ist nachvollziehbar. Das hatte aber dazu geführt, dass die Perspektiven für die Realschüler mit mittlerer Reife klar eingeschränkt wurden, weshalb diese sich ihrerseits eher in Richtung Handwerk orientieren mussten – was früher ganz klar das Jagdgebiet der Hauptschüler war. Wo es in den Achtzigern noch problemlos möglich war, mit dem Quali eine Ausbildung zum Industrieelektroniker zu bekommen, wird das heute schon mit mittlerer Reife schwer. Nur verständlich, dass die Betriebe nun ihrerseits ihre Anforderungen für deren Ausbildungsplätze nach oben schrauben konnten, wenn sich plötzlich nicht nur Hauptschüler sondern auch Realschüler um Industrieelektroniker oder Industriemechaniker bewarben. Und im weiteren Verlauf fehlen diese Optionen nun den Hauptschülern. Die Zahl an Arbeitsplätzen im ungelernten Sektor ist mittlerweile auch verschwindend gering, sodass es für die Schüler der Hauptschulen zu einer regelrechten Perspektivlosigkeit geführt hat. Da hat es logischerweise auch nichts geholfen, die Hauptschule in Mittelschule umzubenennen. Die Probleme die dieser Schulzweig hatte und hat, sind unverändert. Man mag sich vorstellen, wie es sich für einen Mittelschüler anfühlen muss, sich in der Schule anstrengen zu müssen, ohne eine wirklich berufliche Perspektive in Aussicht gestellt zu bekommen. Dass da dann die Motivation auf der Strecke bleibt, sagt mir der reine Menschenverstand.

Selbstverständlich haben wir noch den zweiten Bildungsweg, der sich für mich aber wie eine Alibi-Option darstellt. Natürlich habe ich offiziell die Möglichkeit, von der Mittelschule auf das Gymnasium zu wechseln, wenn die Zensuren dies zulassen. Die Frage ist nur, ob es zu bewältigen ist, in der 9. Klasse überzutreten, wenn man nie in seinem Leben Chemie und Latein hatte, und man allein in diesen Fächern vier Jahre aufholen müsste, um mit den Schülern, die ab der 5. Klasse auf dem Gymnasium begonnen haben, gleichzuziehen. Das ist kaum zu bewältigen, da diese vier Jahre für die Gymnasiasten schließlich auch kein Spaziergang waren. Diese Option ins Bildungssystem mit hineinzunehmen, ist für mich eher dazu gedacht, eine gewisse Chancengleichheit abzubilden, die aber so wenig erreichbar ist, dass sie eigentlich nur dazu gut ist, auf dem Papier die Diskriminierung auszuschließen. Fakt ist aber, dass es nur sehr wenige geschafft haben, sich aus dem vom Schulsystem vorgezeichneten Weg zu lösen. Man könnte theoretisch auch über die Berufsoberschulen und die Fachoberschulen ein Fachabitur erlangen, was einem aber lediglich den Zugang zu Fachhochschulen ermöglicht. Ein Studium an Universitäten bleibt nach wie vor denjenigen vorbehalten, die das Abitur haben. Somit kann man sehen, dass wir ein Schulsystem haben, das für die Industrialisierung perfekt war, wir aber bereits sichtbar im Zeitalter danach angekommen sind und mit diesem veralteten Schulsystem unter keinen Umständen weiterkommen

Ich möchte noch einmal gerne das Absurde, Perfide und Widersprüchliche daran herausarbeiten: Wenn man sich unser aktuelles Schulsystem ansieht, wird einem klar, dass man im Lebensalter von 6-9 Jahren die Weichen für sein späteres Leben selbst stellen muss. Das würde aber voraussetzen, dass das Kind die Tragweite dieser Situation versteht. Per Gesetz dürfte ein Kind in diesem

Alter z. B. offiziell keine Transaktion über 20 € tätigen, weil der Gesetzgeber der Meinung ist, dass es die geistige Reife dafür nicht hätte. Aber trotzdem soll es verstehen, dass es in diesem Alter so fleißig und gut in der Schule sein muss, damit es den Sprung ins Gymnasium schafft. Diese Absurdität ist es, die mich an unserem aktuellen Schulsystem massiv zweifeln lässt. Klar, kann man jetzt gegenhalten und behaupten: Dann liegt es an den Eltern. Aber genau da ist der Denkfehler. Man kann sein Kind zwar bestärken, aber jeder, der selbst Kinder hat, weiß, wenn sich die Kinder querstellen, wird es für die Eltern extrem schwer die Kinder zum Lernen zu bewegen. Von den notwendigen Top-Zensuren ganz zu schweigen. Da drängt sich mir eher der Gedanke auf, ob man hier mit diesem Schulsystem versucht hat, diese Entscheidung baldmöglichst für die Kinder zu treffen, bevor sie es selbst könnten. Sonst wären am Ende die Fabriken menschenleer geblieben.

Da wir die Industrialisierung mit Horden von Arbeitern zumindest in unseren Gefilden massiv zurückgefahren haben, wäre zumindest in der Theorie ein lineares Schulsystem mit mehreren Exits das Fairere; ähnlich dem System in den USA. Alle besuchen zuerst die Grundschule. Danach gehen alle in die Junior High-School. Ab hier geht's zur High-School und darauf zum ersten Schulabschluss. Danach stünde es jedem frei, sich für eine Ausbildung zu entscheiden, oder weiterzugehen aufs College. Ich habe es bei uns auch gesehen, dass wir regelrechte Spätzünder hatten, die in der 8. Jahrgangsstufe noch einmal richtig aufgedreht haben. Da waren richtige Senkrechtstarter dabei. Im aktuellen System wäre die Perspektive trotzdem begrenzt. Im linearen System hätte ein Achtklässler noch alle Optionen, aber zu diesem Zeitpunkt bereits eine andere Reife als in der 4. Klasse. Ich möchte dazu sagen, dass das amerikanische

Schulsystem aus vielen Gründen auch ungerecht ist. Aber vom Prinzip des linearen Aufbaus her, ist es für alle gleich.

Ein Schritt in die richtige Richtung ist für mich das Konzept der Montessori Schule. Dort ist es so, dass alle Abschlüsse angeboten werden bis zum allgemeinen Abitur. Die Schüler gehen gemeinsam in die Grundschule. Egal wie beim einzelnen Schüler der Plan für die Zukunft angedacht ist, muss er am Ende der 9. Jahrgangsstufe erst einmal den Quali machen. Danach kann er die 10. Klasse dranhängen und muss dann die mittlere Reife absolvieren. Wenn er es zum Abitur bringen möchte, kann er auf die Montessori Oberschule (MOS) und diese mit dem Abitur abschließen. Das ist aber bis zum Abitur eine Chancengleichheit, die für alle gilt – egal ob sie von Anfang an fleißig sind, oder erst später die Wichtigkeit von Bildung erkennen. Man kann sich auch nach jedem Abschluss frei entscheiden, ob ab hier die schulische Laufbahn beendet sein soll und man ins Berufsleben eintreten möchte, um eine Ausbildung zu machen. Was jeweils auch gut und richtig ist, denn ich will es noch einmal deutlich sagen: Nicht nur studierte Berufe sind schöne Berufe!

Mir ist klar, dass sich so eine krasse Umstellung keine Regierung aufhalsen möchte. Im Prinzip weiß jede aktuell eingesetzte Regierung, was für eine kolossale Baustelle unser Bildungssystem ist. Und nur zu gerne hätten sie, dass sich erst die Nachfolge-Regierung daran verhebt. Es sei denn, sie würden selbst wiedergewählt.

Ich vermute, das Schulsystem selbst zu reformieren, wäre das kleinste Problem. Sicherlich liegen bereits mehrere Konzepte in der Schublade. Theoretisch könnte man das Schulsystem einfach z. B. auf *Montessori* umstellen. Dieses seit Jahrzehnten praktizierte Konzept ist erprobt und so bewährt, dass mehrere skandinavische Länder bereits Ähnliches als Regelschulsystem eingeführt haben. Das weitaus größere Problem ist aber, den Übergang vom aktuellen zum neuen System zu schaffen, ohne dabei diejenigen abzuhängen, die im „alten System" bereits so weit fortgeschritten sind, dass sie für einen Transfer ins neue Prinzip zu weit sind. Somit müssten sie das alte System zu Ende bringen – im Wissen, dann „gebrandmarkt" zu sein, aus dem veralteten System zu kommen. Ich würde mal vermuten, das würde für Mittelschuljahrgänge von 7-9 flächendeckend gelten. Das wäre eine Summe an Schülern aus drei gesammelten Jahrgängen, die wir in der Wirtschaft eventuell nicht unterbekommen würden, weil es sein könnte, dass sie diesen Übergangszeitraum versucht auszusitzen, bis die ersten Schüler mit Abschlüssen aus dem neuen System kommen. Diese Massen an „Abgehängten" will keiner auf seinem Deckel stehen haben. Darum landet die Idee der Schulreform wieder einmal im Giftschrank und die Reformer im Heldenkeller.

DER KREISLAUF

Ein riesiges Problem haben wir in unserer Gesellschaft damit, Verantwortung zu übernehmen. Das liegt in meinen Augen ganz deutlich in den Strukturen unseres jeweiligen Umfeldes und wie stark wir darin eingebunden sind. Das klingt jetzt erst einmal total kryptisch. Es hat für mich auch Jahre gedauert, bis ich das erkannt habe.

Ich habe einen sehr guten Freund, der auf dem Land Landwirtschaft betreibt. Bei meinen Besuchen bei ihm im *Off* sortieren sich bei mir regelmäßig die Dinge im Kopf. Die Bodenständigkeit, die ich dort immer wieder erlebe, kommt für mich als Städter fast schon einer Offenbarung gleich. Ich habe wirklich viel nachgesonnen, bis mir aufgefallen ist, was bei unserem Leben in der Stadt, im Kollektiv, schiefläuft. Es fehlt uns urbanen Bürgern an Verantwortungsbewusstsein. So einfach ist das.

In unserem Lebensraum gibt es immer einen gewissen Kreislauf, in dem alle Dinge miteinander verbunden sind. In der Stadt sind diese Zusammenhänge meist extrem komplex. Damit meine ich alle Dinge, die wir tun, und alles, was wir konsumieren. Und das ist meist so komplex, dass uns dieser Kreislauf im gesamten gar nicht bewusst ist. Wir gehen zur Arbeit, wir haben eine Mietwohnung, wir brauchen Lebensmittel, die wir essen, wir wollen Luxusgüter, weil andere in unserem Umfeld sie auch haben, und wir fahren in den Urlaub. Ich könnte die Liste fast unendlich weiterführen. Wir haben sowohl berufliche als auch familiäre Verpflichtungen, denen wir nachkommen sollten. Aber oft ist es so, dass wir unserer Verantwortung eben nicht nachkommen. Wir kaufen unser Fleisch billig beim Discounter, weil wir keinen Bezug zu den Tieren und der Tierhaltung haben. Darum werfen wir es auch gedankenlos weg. Wir kaufen bei der Bäckerkette ein, weil sie jeden Tag eine Auswahl an zig verschiedenen Broten anbietet. Wir kaufen zwar immer das Gleiche, aber wehe wir bekämen dort nur drei Sorten zur Auswahl. Was mit den anderen 29 Sorten passiert, kümmert uns nicht; solange wir nur die freie Auswahl haben. Wir lassen uns von der Arbeit krankschreiben, weil die anderen 29 Kollegen im 30-Mann-Büro den eigenen Part schon übernehmen werden. Wir machen unsere Hausordnung nicht, weil der Nachbar unten sich zwar tierisch über uns aufregt, unseren Part dann aber trotzdem übernimmt, weil er es einfach sauber haben will. Ob ich Freunden oder Kollegen helfe, überlege ich mir zweimal. Ausreden, es nicht zu tun, hätte ich genügend, bei manchen brauch ich die nicht einmal. Es gäbe noch zahllose, weitere Beispiele, wo wir unsere Verantwortung nicht übernehmen, weil unsere Strukturen uns die Möglichkeit geben, es nicht zu tun. Trotzdem verstehen wir uns in unserer Überheblichkeit in den Ballungszentren als urbane Kosmopoliten, die über allem stehen. Die ländlichen Bereiche sehen wir aus *Stadtsicht* eher als altmodisch und unterlegen. Der Kreislauf in Ballungszentren ist einfach so groß, dass man selbst nur an ganz wenigen Stationen beteiligt ist. So kann es einem doch scheißegal sein, wenn andere für einen die Kohlen aus dem Feuer holen müssen. Vermutlich kennt man die Person nicht einmal. Also was soll's.

Auf dem Land sieht die Sache anders aus. Der Kreislauf ist wesentlich kleiner und man ist dafür an viel mehr Schritten darin selbst beteiligt. Die Frage, ob man morgens in den Stall geht oder nicht, stellt sich dort nicht. Ob man müde oder abgeschlagen ist, ist irrelevant, wenn das Heu eingeholt werden muss. Würde man lieber doch einen faulen Tag einlegen und dann das liegengebliebene Heu deshalb beim nächsten Regen verderben, wäre das Futter für die eigenen Tiere im Stall verloren. Somit müsste dies teuer zugekauft werden und die Rentabilität des eigenen Hofes stünde auf dem Spiel. Das gleiche gilt für die Waldpflege, die seit Jahrhunderten stattfindet, damit in jedem Winter aufs Neue die Versorgung mit Brennholz sichergestellt ist. Dort ist es nicht damit getan, einmal im Jahr den Öllieferanten zu bestellen. Hier wird der Wald nachhaltig bewirtschaftet. Ob man seinem Landwirt-Nachbarn oder seinen Freunden hilft, ist auch keine Frage. Weil sich nicht die Frage stellt, ob man die Hilfe seiner Freunde oder Kollegen brauchen wird, sondern nur, wann. Diese Art von Verantwortung ist dort fast im gesamten Kreislauf permanent spürbar. Erstaunlicherweise wird sie dort aber mit einer unfassbaren Demut und stoischen Ruhe angenommen, dass einem dies die eigenen Charakterschwächen schmerzhaft vor Augen führt.

Die Tatsache, dass der Einzelne von uns für die Beschaffenheit der Struktur selbst nicht verantwortlich ist, entbindet uns trotzdem nicht davon, für unseren Part und die Menschen in unserem Umfeld Verantwortung zu übernehmen. Die Partizipation an einer Gesellschaft kommt mit Rechten und Pflichten gleichermaßen. Das dürfen wir niemals vergessen.

Noch ein kleiner Denkanstoß an alle Stadtbewohner: Man sollte sich bitte vor Augen führen, dass zwei Drittel der Landwirte ihre Höfe im Nebenerwerb betreiben, weil der Ertrag nicht für den Lebensunterhalt ausreicht. Meist haben sie dafür eine hauptberufliche Tätigkeit, der sie, wie wir in der Stadt, acht Stunden am Tag nachgehen. Dass die Landwirtschaft trotzdem weitergeführt wird, hat eher mit Traditionspflege und Pflichtbewusstsein zu tun, als mit wirtschaftlichen Aspekten. Die Arbeit auf dem Hof findet also statt, bevor der Städter morgens aufsteht, und abends, wenn der Städter schon mit Netflix beschäftigt ist. Diese Höfe stellen aber die Nahrungskette auch in den Städten sicher. Wenn sich diese Landwirte entschließen sollten, sich künftig abends auch zu „chillen" und dafür ihre Höfe aufgeben, dann werden die Regale in unseren Supermärkten in der Stadt ganz schnell leer sein. Das nur mal am Rande.

DER HARTE
BODEN
DER REALITÄT

So mancher von uns kommt bei allem, was bei uns schiefläuft, immer wieder auf dem harten Boden der Realität auf. Das, was wir leichtfertig als unsere Realität bezeichnen, ist die Summe der Rahmenbedingungen, die unser Leben und Zusammenleben definiert. Unser Handeln wird in großem Maße von unserer Realität bestimmt, weil sie die Grundlage dafür darstellt. Aber ist dieser Begriff so einfach zu definieren, oder muss man auch hier differenzierter darauf schauen? Ist meine Realität auch die Realität der anderen? Wäre es überhaupt möglich, eine andere Realität zu haben als andere?

Ich bin felsenfest davon überzeugt, dass, so sehr unsere Realität unser Handeln beeinflusst, es nicht relevant ist, ob sie den Tatsachen entspricht. Ein Beispiel: Ein Junge wird angeschrien, weil er eine Scheibe eingeworfen haben soll. Der Besitzer des Hauses ist sich sicher, den Jungen dabei gesehen zu haben, wie er weggelaufen ist. Jetzt stellt sich aber die Frage, ob der Junge angeschrien wurde, weil es wirklich war, oder nur, weil sich der Besitzer sicher war, dass er es war? Würde der Mann den Jungen anbrüllen, wenn er nur eine Vermutung hätte, oder macht er das, weil er sich sicher ist? Er macht es aus Überzeugung. Er ist sich sicher, der Junge ist dafür verantwortlich. Aus seiner Erfahrung heraus vermutet er den Täter nicht bei den Erwachsenen. Das einzige Kind, welches am Tatort zu sehen war, war der Junge. Da er diesen weglaufen sah, war für ihn die Sache klar und die Schuld des Knaben stand für ihn fest. Was macht es jetzt aber für den Jungen unterm Strich für einen Unterschied?

Worauf ich dabei hinaus will, ist, dass es nicht darauf ankommt, was wirklich Realität ist, sondern, was die Menschen für die Realität halten, denn das ist letztendlich, was unser Handeln bestimmt. Dass dem Mann vielleicht entgangen ist, dass der Junge nur gerannt ist, weil ihm sein Ball weggerollt ist, ändert für ihn leider nichts.

Ein Blick in das „Great-Again"-Amerika offenbart genau dieses Problem. Wir leben in einem Zeitalter, in dem ein Präsident mit „alternativen Fakten" versucht, die Wahrnehmung einer gesamten Gesellschaft in Richtung seiner eigenen Realität zu verschieben. Aber Fakten sind Fakten und es gibt keine Alternative zu einem Fakt. Hat der Junge nun das Fenster eingeworfen oder nicht. Eine alternative Version, in der er es nur halb eingeworfen hat, gibt es nicht. Aber warum spreche ich dieses Thema an?

Es wird extrem problematisch, wenn man sich bewusst ist, dass man Menschen manipulieren kann, in dem man das, was die Leute für ihre Realität halten, beeinflusst. Das klingt jetzt nach einem Zirkusakt, wird aber tatsächlich außerhalb der Manege praktiziert. Man könnte so weit gehen zu behaupten, dass dies das Grundprinzip der gesamten Trump-Regierung zu sein schien. Der amerikanischen Bevölkerung wurden tagtäglich die Fakten so verdreht, dass es für eine Vielzahl der Bürger glaubhaft erschien, ihrem Präsidenten seine absurden Geschichten zu glauben. Von unserer europäischen Warte aus betrachtet waren die Geschichten, die von Trump erzählt wurden, haarsträubend und offensichtlich übertrieben, oder gleich frei erfunden. Frei nach dem Motto „Ich muss die Unwahrheit nur oft genug aussprechen, irgendwann glaubt man sie...". Und so absurd es erscheinen mag, es funktioniert. Ein Präsident, der durch die Gegend läuft und mit einer unerschütterlichen Selbstsicherheit davon schwadroniert, wie er die Wirtschaft in ein neues goldenes Zeitalter katapultiert hat, fängt sicher den einen oder anderen damit ein. Wenn man das mit (lediglich) dem positiven Faktenanteil untermauert und die negativen Fakten verschweigt, könnte man tatsächlich den Eindruck bekommen, dass man es hier mit dem erfolgreichsten Präsidenten der jüngeren Geschichte zu tun hat. Fernsehbilder von jubelnden Trump-Anhängern zeigen deutlich, dass für sie das, von ihrem Präsidenten gezeichnete Bild die Realität abbildet, in der sie täglich leben und auch weiter leben wollen. Egal wie, es wird unmittelbaren Einfluss auf deren Entscheidung haben. Für uns als Europäer wiederum ist es einfach, nach Amerika zu blicken und froh zu sein, dass es nicht die eigene Demokratie ist, die sich vor laufenden Kameras gerade in seine Bestandteile auflöst, während die ganze Welt dabei zusieht. Da freut man sich darüber, dass die Demokratie im eigenen Land funktioniert. Aber können wir uns in Deutschland absolut sicher sein, dass das, was wir glauben zu wissen, die Realität ist? Oder ist es vielleicht auch nur das, was wir glauben zu wissen, weil das alles ist, was wir in unseren Medien serviert bekommen? Vielleicht ist es auch einfacher, sich darüber doch keine Gedanken zu machen. Vielleicht scheint einem dann auch die Sonne aus dem Arsch wie den Leuten mit rotem Basecap und dem Schild in der Hand...

ABSURDE STRUKTUREN

Ich möchte mich mit einer weiteren absurden Denkweise der Menschen aus-einandersetzen. In der Menschheitsgeschichte hat sich eine hierarchische Struktur herausgearbeitet, die wir, ohne es zu erkennen, immer wieder anwenden. Obwohl wir glauben, es mit verschiedenen Dingen zu tun zu haben, läuft dies immer wieder auf das gleiche System hinaus. Da drängt sich mir der Verdacht auf, dass wir diese Strukturen irgendwie zu brauchen scheinen. Trotzdem lehnt sich der Mensch immer wieder gegen seine, von ihm geschaffenen Masterpläne auf, als wären diese wider seiner Natur. Doch stimmt das?

Ich gebe mal ein Beispiel für eine typische Struktur: Eine Fastfood-Kette. Da gibt es ein Produkt, das verkauft werden muss, nämlich *schnelles Essen*. Da gibt es einen Chef ganz oben, der will, dass dieses Essen an den Mann gebracht wird, damit er Geld verdienen kann – der CEO. Zu dem, was er sich mit seiner Fast-Food-Kette als Ziel gesetzt hat, gibt es ganz klar erkennbare Konkurrenz. Gegen diese muss er sich auf dem Markt durchsetzen. Dazu braucht Kette X einen *Unique Selling Proposition*, genannt *USP*, der den einzigartigen Vorteil des Unternehmens herausstellt. Das schafft er nur, wenn er den Kunden von seinem eigenen Profil überzeugt, sprich, was seine Fastfood-Kette besser macht als die anderen. Da diese Kette nur an einem Ort ansässig ist, die Kunden aber über das ganze Land verteilt sind, braucht die Kette Filialen, die auch auf das ganze Land verteilt sind, um die Kunden zu erreichen. Die Regionen mit mehreren Filialen bekommen jeweils einen Bereichsleiter. Jede dieser Filialen wird wiederum von einem Restaurantleiter geführt. In diesen Restaurants arbeiten Mitarbeiter, welche die Kunden betreuen. Damit die Kunden erkennen können, dass da nicht einfach nur irgendein großes Gebäude steht, lässt sich die Firma ein *Corporate Design* erstellen, mit markanten Farben und einem Logo. Nun weiß auch der letzte „Hinterwäldler", dass dieses Gebäude ein Restaurant von Fastfood-Kette X ist. In den Restaurants hängt plakativ das Logo und die Mitarbeiter haben durch die *Corporate Identity* vorgegeben, wie sie angezogen sein müssen und wie sie mit dem Kunden reden sollen. Jetzt muss Kette X den Kunden nur noch erreichen und ihn in seine Restaurants locken. Dazu braucht es Werbung. Die Botschaft muss unters Volk gebracht werden. Ganz früher waren es markante Plakate, dann Radiosendungen und irgendwann Spots im TV. Heute kommt noch das Internet dazu. Oftmals gibt es dann auch noch eine Galionsfigur. Wir nehmen hier mal einen Clown mit roten Haaren. Wichtig sind auch hier Leistungen, die über das reine Essen hinausgehen und den Kunden auch anderweitig an die Restaurants binden, z. B. Geburtstagsfeiern, einen Drive-In oder evtl. das Ausrichten von Events. Fertig ist der Konzern.

Da ich im abendländischen Raum sozialisiert wurde, war ich früh mit dem Christentum konfrontiert. So sehr man mir das als wohltätige Glaubensgemeinschaft verkaufen wollte, so sehr habe ich das ganze doch als durchstrukturierten Konzern empfunden. Auch hier gibt's einen Mann ganz oben, der die Fäden zieht, hier nicht CEO genannt, sondern Papst. Das Produkt, das unter das Volk kommen soll, ist der Glaube. Konkurrenz gibt es natürlich in Form anderer Religionen auch. Also braucht auch die Kirche einen USP, um sich klar von den

Wettbewerbern abzusetzen. Der Konzern ist zentral ansässig im Vatikan. Weil aber die Menschen überall verstreut leben, braucht es, wie bei den Restaurants von Kette X, Gebäude vor Ort: die Kirchen. Mehrere Kirchen haben auch ihre Bereichsleiter, die Kardinäle, und jede Kirche hat ihren *Restaurantleiter,* den Pfarrer. Die Mitarbeiter in der Kirche sind nicht Köche und Servicekräfte, sondern Messner und Ministranten. Ein *Corporate-Design* bzw. Logo erkenne ich auch gleich, das Kreuz. Auch hier gibt die *Corporate Identity* den Kleidungsstil in Form von Talaren deutlich erkennbar vor und auch der gesprochene Wortlaut ist vereinheitlicht. Die Werbung läuft hier über die Bibel und den Religionsunterricht. Die Angebote in den Gemeinden gelten der längerfristigen Bindung der Kunden, Pardon, Gläubigen. Habe ich noch was vergessen? Ach ja, die Galionsfigur...

Da meine Berührungspunkte mit anderen Religionen nicht so zahlreich waren, mag ich das nicht auf den Islam oder den Buddhismus anwenden. Ich lade aber jeden dazu ein, gerne mal seine eigene Religion diesem Denkprozess zu unterziehen. Anwenden lässt sich diese Struktur aber auch auf die Politik und den ortsansässigen Fußballverein.

DER AUGENÖFFNER

E gal welchem Thema ich mich zuwende, ich stoße immer wieder auf den Dreiklang der Menschheit, wie ich ihn hier auch mehrmals schon angesprochen habe. Was der Mensch gerne wäre, was er glaubt zu sein und was er wirklich ist, ist in allen Belangen entscheidend für den Ausgang der Geschichte.

Wir erkennen, dass wir unsere Umwelt massiv schädigen, all unsere Ressourcen aufbrauchen und vor einer Flüchtlingswelle nach der anderen stehen. Wir arbeiten zwar stetig an einer *besseren Welt* – oder an dem, was wir glauben, wie eine bessere Welt aussehen könnte – aber, wenn ich bei all dem Bestreben *den Menschen* daneben stelle, wird mir augenblicklich klar, dass wir es theoretisch auch lassen könnten. Ist dieser Pessimismus unangebracht, oder steckt in dieser Erkenntnis vielleicht sogar mehr Optimismus als man auf den ersten Blick sehen kann?

Nehmen wir doch einmal als Beispiel die Energiewende. Was wir gerne hätten, ist eine Energiequelle, die uns emissionsfrei, nachhaltig und unbegrenzt zur Verfügung steht. Das klingt nahezu märchenhaft; als dürften wir in die Schokoladenfabrik von Willy Wonka reinspitzen: Wie Brunnen aus Schokolade, die ewig sprudeln, und Bäume, an denen Bonbons immer wieder nachwachsen. Man bedient sich einfach und genießt still. Aber ist das z. B. mit der Solarenergie

135

genauso märchenhaft, oder reden wir uns da nur etwas ein? Das Bild, das uns vermittelt wird, ist, dass die Sonne immer scheint und es deshalb eine erneuerbare Energiequelle wäre. Dieses „die Sonne scheint doch umsonst"-Gefühl, das ich bekomme, wenn ich den Verfechtern dieser Technologie bei ihren Ausführungen zuhöre, bleibt natürlich so kuschelig, wenn ich mich weiterhin weigere, mir die richtigen Fragen zu stellen. Die Unbedarften unter uns könnten an diesem Punkt aufhören, weiterzudenken, und sich auf diese Technologie blindlings einlassen. Aber wer die richtigen Fragen stellt und den Denkprozess zu Ende denken will, der kommt schnell auf ein paar Aspekte, die den Glanz dieser „heilbringenden" Technologie stellenweise verblassen lässt. Denn es geht um die Kosten, die Auswirkungen auf die Umwelt, unsere Ernährung, unser Klima, unsere Energiewirtschaft, die Politik und die damit verbundenen Machtverhältnisse. Um es kurz zu machen: Immer um Geld. So wie ich diese Zeilen niedergeschrieben habe, wird mir augenblicklich klar, wie viele Empörte mich jetzt sofort für einen Verweigerer mit einem 300 PS starken SUV halten. Man mag mir unterstellen, dass ich den Klimawandel leugne, um weiter mit meinem *Stinkmobil* durch die Gegend fahren zu können. Aber ein wenig reflektierter bin ich, glaube ich, schon.

Das hat alles wieder mit dem Thema Realität zu tun. Jeder strickt sich bei diesem Thema seine Wirklichkeit so, wie es in sein Gewissen am besten zu passen scheint und wie es seine Fragen am leichtesten beantwortet. Aber ich will da gerne meine Gedanken offenlegen. Mir stellen sich da nämlich ein paar Fragen mehr als nur, ob die Sonne kostenlos scheint. Die erste und essenzielle Frage ist für mich, ob sich diese Technologie wirklich zu Hundertprozent positiv auf unsere Umwelt auswirkt. Hat sie für unsere Natur ausschließlich positive Aspekte, oder kommen da auch ein paar unerwartete Begleiterscheinungen mit? Was passiert, wenn wir Flächen, die für die Forstwirtschaft in Form von Wäldern notwendig sind, für Solar-Felder verwenden? Welche Auswirkung hat das auf unsere Atmosphäre? Wenn wir unsere komplette Mobilität auf Strom umstellen, benötigen wir Unmengen dieser Solar-Felder. Unsere wunderschöne BRD wird deswegen aber keinen Zentimeter größer. Also, wo zweigen wir diese Flächen ab? Teile der Bevölkerung würden parallel auch gerne vom Fleisch wegkommen, was bedeuten würde, wir brauchen dafür zusätzliche Agrarflächen. Heißt, von den Agrarflächen können wir diese Flächen nicht wegnehmen. Vom Wald sollten wir sie auch nicht wegnehmen, denn wir müssten in Anbetracht dessen, was im Regenwald gerade an Fläche vernichtet wird, eher in hohem Maße aufforsten. Seit langem kämpfen verschiedene Interessengruppen regelrechte Kämpfe in den Gemeinden, um von den Kommunen Flächen zu bekommen. Die einen brauchen Platz für Industriegebiete, um Arbeitsplätze zu schaffen, andere für Agrarflächen, um unsere Versorgung nachhaltiger zu machen, und wieder andere für Wohnraum. Wenn da nun noch die Solarenergie mit rein funkt, wird es noch enger. Wer soll nun von den begrenzten Flächen etwas abbekommen? Immerhin ist gerade in den Ballungszentren aufgrund der steigenden Mieten Wohnraum ein extrem dringliches Thema. Dazu kommt noch, dass jede dieser Interessengruppen ihr Anliegen für das wichtigste hält. Ich lasse diesen Gedanken jetzt einfach mal ohne meine Wertung stehen und überlasse es anderen, diese Entscheidung salomonisch zu fällen. Ich komme nämlich lieber zum nächsten Punkt.

Wenn man sich mit Menschen aus der Energiewirtschaft unterhält, stellt sich schnell heraus, dass unser Problem nicht unbedingt nur die Energiegewinnung, sondern in hohem Maße auch die Netzstabilität ist. Da man nur schwer vorhersehen kann, zu welcher Zeit wie viel Energie benötigt wird, muss man für Zeiten des Spitzenverbrauchs immer genug Stabilität im Netz haben, damit dieses nicht zusammenbricht. Dafür wird es notwendig sein, Energie zu speichern, solange man einen Überschuss hat, ansonsten müsste man sie im Bedarfsfall aus dem Ausland zukaufen. Würde man diesen Bedarf aus Frankreich beziehen, wäre er ziemlich sicher aus einem Atomkraftwerk. Aus dem Osten könnte er im schlechtesten Falle auch aus einem Kohlekraftwerk sein. Das würde die ganze Diskussion um erneuerbare Energien quasi ad absurdum führen. Es wäre dazu extrem scheinheilig, in Deutschland auf erneuerbare Energien umzustellen, um sich als Vorreiter zu profilieren, und im gleichen Atemzug die Netzsicherheit über schmutzige Energien aus dem Ausland zu gewährleisten, nur um diese aus dem eigenen Land herauszuhalten. Würden wir auf diese Absicherung aus dem Ausland aus Prinzip verzichten, wäre es fatal, wenn wir Verbrauchsspitzen in windstillen Nächten hätten, wenn die Sonne nicht scheint und unsere Windräder auch still stünden. Also woher käme dann der Strom? Der einfachste und bequemste Gedanke wäre die Speicherung über eine Batterie. Aber ist das tatsächlich die beste Möglichkeit, die aus Solar und Wind gewonnene Energie zu speichern? Wenn ich in Physik richtig aufgepasst habe, dann geht Energie auf der Erde nicht verloren. Sie ändert nur immer wieder ihre Form. Deswegen muss gewonnener Strom nicht notwendigerweise auch in Form von Elektrizität gespeichert werden. Dieser könnte auch beispielsweise zu Gas umgewandelt und so gespeichert werden. Da wären jetzt aber mehrere Überlegungen anzustellen. Erstens: Wie Effizient ist die Speicherung in einer Batterie? Diese haben nämlich eine gewisse Selbstentladung, was zur Folge hat, dass darin auch ohne aktive

Entnahme Strom verloren geht. Wie sind diese Verluste durch Selbstentladung im Vergleich zu den Verlusten durch eine Umwandlung in z. B. Gas zu bewerten? Von den damit verbundenen Sicherheitsaspekten während der Lagerung mal ganz abgesehen. Zweitens: Welche Rohstoffe benötige ich für die Speicherung? Bei Gas wäre es sicher ein relativ simpler Stahlbehälter, da bräuchte man also lediglich Stahl. Bei Batterien wäre es schon wesentlich problematischer, dazu wäre Lithium notwendig. Genau hier sehe ich das Kernproblem in der ganzen Debatte um die Speicherung. Lithium ist ein Element, das wir aus der Natur gewinnen müssen. Da sind wir beim Punkt angelangt, ob die Solartechnik ausschließlich positiv für unsere Umwelt ist.

Die Grünen und die Klimaschutz-Bewegungen feierten die Erhaltung des Hambacher Forstes als einen großen Erfolg für die Umwelt. Dieser einseitigen Betrachtung könnte ich mich uneingeschränkt anschließen, wenn ich nur sehen würde, was unter dem Hambacher Forst liegt – Braunkohle. Dass diese eine überholte Energiequelle ist, die nachweislich negative Auswirkungen auf unser Klima hat, wird wohl niemand mehr bestreiten können. Deshalb war es für die Klimaaktivisten nicht sonderlich schwer zu verargumentieren, dass wir dieser Technologie keinen Wald opfern sollten. Aber wäre diese Argumentation auch legitim gewesen, wenn unter dem Hambacher Forst keine Kohle sondern ein großes Lithium-Vorkommen wäre? Hätten wir uns dann weigern können, dieses Waldstück abzuholzen, wenn wir just diese Vorkommen für die Rettung unserer Umwelt benötigen? Wenn wir diese Ressourcen für exakt diese Technologie gebraucht hätten, die von den selben Umweltverbänden zum Heilsbringer erklärt wurde? Es wäre dann so, dass wir hier Teile der Natur zerstören müssten, um das Gros der Natur zu retten.

Oder würden wir doch eher den anderen Weg gehen und den Hambacher Forst um jeden Preis erhalten, um stattdessen lieber ein paar afrikanische oder südamerikanische Staaten umzugraben? Das wäre doch praktisch, weil dieses Elend dann weit genug weg wäre, um dem nicht beiwohnen zu müssen. Oder anders gefragt: Um in Stuttgart eine bessere Qualität der Luft zu erreichen, würden wir dafür den Schwarzwald umgraben, um dort das Lithium für die Autos abzubauen, die dann zukünftig in Stuttgart auf den Straßen den Diesel ablösen können? Das würde bedeuten, wir könnten das Problem sogar regional lösen. Also wie wägen wir nun die Zerstörung unseres Schwarzwaldes gegen politische Verwerfungen mit afrikanischen Staaten ab?

Wenn wir schon bei den politischen Aspekten sind: da höre ich auch immer wieder, man solle doch in den afrikanischen Wüsten Solar-Parks aufstellen. Aber kann das sinnvoll sein, die Energieversorgung komplett ins Ausland zu verlagern, um sich dann energiepolitisch abhängig zu machen? Hier wäre grundlegend zu klären, ob in diesen Bereichen Hoheitsrechte für die EU möglich wären, die es dem Gastgeberland unmöglich machen, uns mit unserer eigenen Anlage zu erpressen. Wobei hier sich dann noch ethische Fragen auftun würden, ob diese Hoheitsrechte nicht gegen andere unserer hochgelobten Grundwerte verstoßen würden. Unter dem Strich fürchte ich eher, dass wir hier neue Kriegsschauplätze aufmachen würden, die bislang noch keiner auf dem Schirm hatte.

Aber kommen wir doch von der geopolitischen Ebene zurück und bleiben wieder bei uns in der Region. Ich kenne Leute, die in ihrem Haus eine Photovoltaik-Anlage mit Energiespeicher haben und deren Begeisterung dafür regelrecht ansteckend ist. Aber wer sich mit diesen Leuten eingehend unterhält, wird herausfinden, dass dies sich in vielen Fällen für die Menschen nicht als wirtschaftlich sinnvolle Investition herausgestellt hat. Die meisten, die ich kenne, sind bei diesem Thema eher Idealisten. Die einen sind Menschen, die sich von den Energieversorgern unabhängig machen wollten, andere haben es wirklich der Umwelt zuliebe getan. Die dafür anfallenden Kosten nehmen diese Idealisten bewusst in Kauf. Das muss man sich aber auch leisten können.

Man mag mir jetzt entgegnen, dass man auf politischer Ebene endlich versucht, Bauherren per Gesetz dazu zu verpflichten, bei Neubauten ihre Immobilien mit Photovoltaik auszustatten. Das würde doch immens viele Dachflächen für diese Technologie erschließen; Flächen, die sonst ungenutzt geblieben wären. Das wird in den meisten Fällen aber darauf hinauslaufen, dass dort lediglich Anlagen ohne Speicher verbaut werden, um die Mindestanforderung für den Neubau zu erfüllen, denn der Speicher ist das eigentlich Teuere an diesen Anlagen. Diese Anlagen könnten dann nur tagsüber zur Eigennutzung und ansonsten eher zur Einspeisung ins Netz beitragen. Aber wem wird diese Verpflichtung letztlich zu Gute kommen, wenn der Einspeisende den Strom, den er tagsüber eingespeist hatte, vom Versorger für die nächtliche Nutzung zu einem höheren Preis wieder zurückkaufen muss? Die Amortisierung solch einer Anlage dauert für den Besitzer in der Regel Jahrzehnte und er kann sich durchaus berechtigt fragen: Für was mache ich das Ganze? Eine weitere Frage wird sein, ob bei den sowieso schon steigenden Preisen für ein Eigenheim solch eine Verpflichtung zum Zünglein an der Waage würde, ob man sich überhaupt ein Eigenheim leisten kann. Das wiederum erhöht eventuell den Druck auf den Wohnungsmarkt in Form steigender Mieten.

Ich möchte auch noch kurz auf das Thema Regionale- und Bio-Lebensmittel eingehen. Das beinhaltet vom Prinzip her die gleiche Problematik. Der Mensch macht sich schon grob Gedanken über das Tierwohl und über Pestizide in den Agrargütern. Er hätte auch stets gerne die beste Qualität bei den Lebensmitteln. Aber um z. B. an Bio-Hühnchen zu kommen, bei denen er sich sicher sein kann, müsste er direkt zum Bauern fahren, um sich ein Bild davon zu machen, wie der Bauer seine Tiere hält, züchtet und wie diese bei Krankheit behandelt werden. Er würde auch erfahren, wie die Tiere letztendlich geschlachtet werden. Aber das setzt voraus, dass der Bürger sich die Zeit nimmt und die Mühe macht, sich mit diesem Thema eingehend zu beschäftigen. Bei einer tiefer gehenden Betrachtung würde dem reflektierten Menschen sicher auch sofort bewusst werden, warum ein wesentlich höherer Preis als beim Discounter angebracht ist; ja sogar notwendig wäre. Aber allen diesen idealistischen Zielen stelle ich nur zu gerne wieder unsere kolossale Faulheit gegenüber und mir wird augenblicklich klar, warum wir in den Discounter gehen, der direkt auf dem Heimweg liegt und bei dem ich das Pfund Fleisch für ein paar Euro kaufen kann. Schnell wird dann so manches Ideal der Bequemlichkeit unterworfen und es finden sich ganz schnell Produkte ohne Siegel im Einkaufswagen. Bei den Waren, die wir dort doch mit Bio-Siegel kaufen können, müssen wir keine Bedenken haben, denn Bio ist ja stets biologisch wertvoll und frei von jeglichen Pestiziden. Dann muss das ja gut sein. Weshalb hier der Preis trotz Bio-Siegel trotzdem auf Discounterniveau ist, muss ich nicht hinterfragen, denn das haben ja die Entwickler dieses Siegels alles schon für mich durchdacht. Ich mache einfach nur mit. Moment, irgendwo her kenn ich doch diese Rahmenbedingungen? Ach ja, Ideologie...

Da mache ich doch gleich die nächste Baustelle auf: Bilder von Flüchtlingen, die mit ihren Kindern bei jedem Wetter ihre wenigen Habseligkeiten durch die Gegend schleppen, rühren uns alle zutiefst. Ihr unbändiger Wille, tausende Kilometer zurückzulegen, um in einer besseren Welt anzukommen, appelliert an unsere Werte und unser Mitgefühl. Zu Beginn der Migrationskrise 2015 waren deshalb eine Menge Menschen der Meinung, man müsse diesen Menschen unbedingt helfen, bei uns anzukommen. Völlig nachvollziehbar das so zu wollen und zu empfinden. Aber im Prinzip wollten viele „helfen", nur keiner wollte selbst einen Finger krumm machen müssen. Die Mehrzahl der Bürger wollte weder vom eigenen Geld etwas abgeben, oder im eigenen Wohnraum jemanden aufnehmen, noch seinen eigenen Arbeitsplatz für die Flüchtlinge aufgeben müssen. Ich persönlich kenne nur sehr wenige, die sich gegen die Flüchtlinge ausgesprochen hatten. Der Tenor war, dass man den Menschen unbedingt helfen müsse. Doch kenne ich niemanden, der sich in diesem Zuge ehrenamtlich betätigt hatte. Keiner hatte in einer Flüchtlingsunterkunft mit angepackt. Keiner hatte sich hingesetzt und einem Flüchtling die deutsche Sprache beigebracht. Keiner hatte sich die Mühe gemacht und einer Familie beim Ausfüllen von Formularen geholfen. Das möge bitte *der Staat* übernehmen. Wer aber *der Staat* in dem Falle genau sein soll, wird in dieser Debatte nicht weiter definiert. Als es dann noch darum ging, dass im eigenen Viertel eine Unterkunft eingerichtet würde, war die Empörung schon deutlich vernehmbar. Was mir gezeigt hatte, dass die Werte, die wir glauben zu haben, nur existieren, wenn sie uns selbst keine Mühe machen. Sobald diese Werte in unserem direkten Umfeld eingefordert werden und sie uns selbst etwas abverlangen, ist es vorbei mit den Idealen. Dann werfen wir relativ schnell alles über Bord und unser wahres Wesen tritt zutage.

Da komme ich wieder bei der Überschrift dieses Kapitels an. Denn wir müssen uns hier ganz deutlich fragen, was bei allem, was wir uns so edelmütig vornehmen, Priorität haben soll und darf: Unser Idealismus, die Vernunft oder doch bloß das, was wir uns leisten können? Ich vermag nicht zu entscheiden, was der richtige Weg ist. Nur wir werden uns klarmachen müssen, ob wir genug Geld und Macht haben, damit wir uns diese Art von Idealismus auch leisten können. Aus meiner persönlichen Erfahrung heraus hört bei vielen der Idealismus genau da auf, wo es anfängt, den Einzelnen Geld zu kosten. Denn Geld zu haben ist in den meisten Fällen mit Arbeit verbunden, und arbeiten müssen, ist ein ganz schlechtes Argument, wenn man faul ist.

LEBEN IN DER ILLUSION

Ein Freund sagte nach einer gescheiterten Beziehung mal zu mir „Das Leben ist doch eh nur eine Illusion". Ich erinnere mich genau an diesen Augenblick. Es war ein Moment der Frustration. Ein Moment der Hilflosigkeit. Das einzige, was mein Kollege dazu in seiner Ratlosigkeit noch zu sagen vermochte, war dieser von ihm doch eher lapidar dahin gesagte Satz. Im ersten Moment dachte ich noch „Der ist wohl letzte Nacht über einem Buch von Konfuzius eingeschlafen, was?" Ich bin mir auch ziemlich sicher, dass ihm die Tragweite dieses Satzes in diesem Moment gar nicht bewusst war. Aber bei genauerer Betrachtung zeigt sich, dass er in vielen Situationen unseres Lebens tatsächlich stimmt. Wenn man die Gedanken aus dem Kapitel über die Realität weiterspinnt, wird einem klar, dass in vielen Aspekten unseres Lebens wir tatsächlich die Illusion der Realität vorziehen. Für mich äußert sich das in vielen Ausprägungen. Darunter fällt für mich nicht nur unser Bedürfnis nach Kontrolle sondern auch wie wir glauben, dass unsere Welt funktioniert.

Aber beginnen wir am Anfang. Die Menschheit scheint nahezu in den Wahnsinn getrieben von der Frage, warum wir auf diesem Planeten sind. Seit Jahrhunderten versuchen die Menschen, sich auf mehr oder weniger profane Art zu erklären, wie es zu unserer Existenz kam. Von Erzählungen, in denen Gott die Welt in sieben Tagen erschaffen hat, bis zu wissenschaftlichen Modellen, in denen berechnet wurde, dass es wohl einen Urknall gegeben haben muss, ist alles dabei. Ein „weil es halt so ist" scheint dabei absolut inakzeptabel zu sein. Der Mensch würde lieber sein ganzes Leben damit vergeuden, krampfhaft nach der Antwort auf diese Frage zu suchen, anstatt in Betracht zu ziehen, dass ihm diese vielleicht von selbst zuflöge, würde er sich doch einfach nur damit beschäftigen zu leben. Aber die Ungeduld, es nicht einfach bis zum Lebensende abwarten zu können, um dann die Antwort zufrieden in Empfang zu nehmen – oder im schlimmsten Fall auch nicht – verleitet die Menschheit im Kollektiv dazu, im Jetzt nach Antworten zu verlangen. Vielleicht korrigiere ich mich hier lieber noch einmal. Denn die Suche kostet Zeit und macht Mühe. Der Mensch ist faul und mag beides nicht. Wie ein aufstampfendes Kind will er die Antwort sofort. Aber auch hier, genau wie bei der Betrachtung unserer eigenen Realität, stellt sich die Frage: Wollen wir tatsächlich wissen, was wirklich ist, oder genügt uns die Antwort, die es am besten erklären würde? In dem Moment, wo mir Letzteres ausreicht und ich dies zu meiner Antwort erkläre, bin ich schon mittendrin in der Illusion.

Die Illusion ist aber nie mehr als ein Substitut für die Realität. Wenn das wahre Leben sich als für uns wenig komfortabel erweist, spinnen wir Theorien oder Verschwörungserzählungen, weil just diese Illusionen uns die Welt zu erklären scheinen. Wenn unser eigenes Verhalten zu einer Verwerfung in der Gesellschaft führt und wir partout nicht erkennen wollen, dass wir Teil des Problems sind, ist es ein Leichtes, dies auf geheime Zirkel, Bruderschaften oder Illuminaten zu schieben. Diese mystischen Kreise, die alle Fäden in der Hand zu haben scheinen, sind natürlich extrem mächtig. „Wenn die da oben hinter verschlossenen Türen die Welt unter sich aufteilen, was kann ich als kleiner

Mann da ausrichten? Die sind doch das Problem, nicht ich." Egal ob man jemals einen verbrieften Beweis für die Existenz einer solchen Verschwörung bekommen hat oder nicht; so eine Erklärung ist einfach praktisch.

Aber das machen wir auch auf anderen Ebenen. Der Menschheit wird momentan schmerzlich bewusst, dass sich Atmosphäre erwärmt. Wir erleben einen Klimawandel, wie die Erde ihn laut unserer Wissenschaftler noch nie durchlaufen hat. Die Vorstellung, nicht zu wissen, warum dies so ist, scheint für die Menschheit schier unerträglich. Händeringend forschen Wissenschaftler in aller Welt an den Ursachen, denn es gilt, Kontrolle über die Situation zu erlangen. Nichts in unserem Leben darf einfach passieren, sondern muss in einem kontrollierten Rahmen ablaufen. Wir planen schließlich auch unsere berufliche Zukunft, wir planen unsere Altersvorsorge, wir planen unsere Urlaube, Feiern und auch die Zukunft unserer Kinder. Somit ist auch der Klimawandel unter Kontrolle zu bekommen, um jeden Preis. Wobei sich mir auch hier die Frage stellt, ob wir zu irgendeiner Zeit wirklich die Kontrolle erlangen oder wir uns mit der Illusion, die Kontrolle zu haben, zufriedengeben. Bestünde nicht vielleicht doch eher die Möglichkeit, dass wir mit unseren Gedankenspielen mehrere mögliche Szenarien durchspielen, um uns für das Wahrscheinlichste zu entscheiden, und dann den Dingen den freien Lauf lassen? Der dann eintretende Zufall könnte für uns den Anschein erwecken, als hätten wir den Ausgang des Geschehens in diese Richtung gelenkt, obwohl wir uns eher im Vorfeld bewusst gemacht hatten, was eintreten würde.

Bleiben wir doch gerne beim Thema *Klimawandel*. Gewisse, ungeduldige Interessengruppen sind sich bereits sicher, die Schuldigen für diesen Wandel ausgemacht zu haben. Wissenschaftler aus deren Wirkungskreis kommen mit plausiblen Theorien, um die Forderungen nach einer gesünderen Klimapolitik wissenschaftlich zu untermauern. Für Menschen, denen diese Theorie plausibel erscheint, scheint deren Maßnahmenkatalog das probate Mittel zu sein, um dem Klimawandel zu begegnen. Ich möchte dem inhaltlich auch gar nicht widersprechen. Für mich fühlt es sich aber so an, als würde die Illusion, die ja unter Umständen tatsächlich der Wahrheit entsprechen könnte, kurzerhand zur Realität erklärt. Kontrolle über unser Leben und die damit verbundenen Umstände haben zu jeder Zeit Priorität. Als Ursache vermute ich, dass wir im Kollektiv Angst davor haben, von irgendetwas überrascht zu werden.

Kurios finde ich aber immer wieder die Werkzeuge, die wir nutzen, um uns in unserem Leben das Gefühl von Kontrolle zu geben. Der Eine braucht dafür ein umfassendes Versicherungspaket, der Andere Zahlen und Computersimulationen, der Nächste ein Hochsicherheitsschloss an seiner Tür oder eine Mauer zum Nachbarland. Anderen wiederum genügen eine Maske oder ein Fahrradhelm. Was sich mir dann bei vielen deutlich zeigt, ist, wie sich deren Verhalten negativ und gar konträr verändert, wenn eine Strategie für die Erlangung der Kontrolle aktiviert wurde. So setzen manche z. B. einen Fahrradhelm auf und blenden die verbleibende Restgefahr komplett aus. Da werden dann im Straßenverkehr Manöver gefahren, die bei logischer Betrachtung nicht zu erklären sind. Man könnte sich trotz Helm ja immer noch jeden anderen Knochen im Körper brechen. Aber der Helm muss sich für manche anscheinend anfühlen, als hätten sie den Anzug von Ironman an. Ist es nicht auch eine Art von Illusion – von selbstgefällig zurechtgelegter „Realität" geradezu – sich jahrelang für den Klimawandel einzusetzen, Menschen vom Fliegen

abzuraten, nur um dann bei der ersten Gelegenheit für ein Schüleraustausch-
programm doch selbst ins Ausland zu fliegen? Dass dies in der eigenen Wahrnehmung das eigene Verhalten nicht ad absurdum führt, ist nur über eine
Illusion erklärbar.

Gleiches galt zu Corona-Zeiten für Menschen mit Maske. Man setzte eine
Maske auf und hatte sich damit geschützt genug gefühlt. Dass man andere
Menschen im Supermarkt im Vorbeigehen streifte, kümmerte nur wenige. Für
was braucht man denn den Mindestabstand, man hat doch eine Maske? Der
Gipfel des Absurden waren Ministerpräsidenten, die bei Pressekonferenzen,
wenn sie still auf ihren Einsatz warteten, die Maske trugen, um sie dann für ihr
Statement abzunehmen. Wie allerdings aus einem geschlossenen Mund Aero-
sole austreten sollen ist mir schleierhaft. Trotzdem wurde demonstrativ eine
Maske getragen. Im eigentlichen Moment des Sprechens, als wirklich Aero-
sole freigesetzt wurden, da wurde die Maske abgesetzt. Man sitzt fassungslos
vor dem Fernseher und fragt sich, ob niemandem die Ironie auffällt, dass man
gerade die Wirksamkeit der Maske erklärt bekommt, während die politische
Führung gerade im Kollektiv zeigt, wie diese total nutzlos zum Einsatz kommt.
Aber was kümmert einen die richtige Benutzung der Maske, wenn das bloße
Tragen der Maske einen schon sicher wie in Abrahams Schoß wiegt? Geradezu
stoisch wurde die Illusion weiterhin aufrecht gehalten und sogar mit Lock-
downs noch einen Schritt weitergesponnen.

Eben jenen Naturwissenschaftlern, die davon überzeugt sind, dass man
alles auf der Welt erklären und vielleicht auch berechnen könnte, stelle ich
gerne folgende Aufgaben: Zeige mir die Formel, mit der man berechnen kann,

ob ein Witz einen Lacher generieren wird, oder nicht. Er möge mir zeigen, wie man berechnen kann, ob sich zwei Menschen ineinander verlieben werden oder nicht. Und er möge mir im Voraus berechnen, wie stark und an welcher Stelle ich ihn kitzeln muss, damit er sich vor Lachen nicht mehr halten kann. Allein bei diesen simplen Beispielen sehen wir, dass wir das nicht können. Ich könnte das auf Flutwellen in Fukushima und Banda Ace weiterspinnen, die uns schmerzhaft vor Augen geführt haben, wie verletzlich und ausgeliefert wir sind. Genau deshalb werden wir uns von der Vorstellung verabschieden müssen, dass wir durch bestimmte Ereignisse die Kontrolle über unsere Existenz verloren hätten. Wir haben z. B. durch Corona nicht die Kontrolle verloren. Wir hatten sie nämlich nie. Alles, was wir durch Corona verloren haben, ist lediglich die Illusion von Kontrolle, dass wir unsere Welt jemals vollständig durchschaut und kontrolliert hätten. Diese Erkenntnis, wie wenig Kontrolle wir tatsächlich hatten, ist mit die schmerzhafteste von allen. Denn ein Leben ohne Kontrolle und Vorhersehbarkeit leben zu müssen, macht uns eine Scheißangst! Willkommen im Leben.

Aber trotzdem scheint es fast so, als ließe das bloße Gefühl von Kontrolle die Menschen erst außer Kontrolle geraten, weil das Gefühl von Sicherheit einfach zu leicht, zu trügerisch ist. Aber egal wohin ich blicke, es betrifft alle Belange in unserem Leben. So sehr der Mensch sich gerne als Schneeflocke verstehen möchte; so schnell reiht er sich doch in vorgegebene Muster ein, weil von ihnen Sicherheit auszugehen scheint. Bewunderung bekommen absurderweise trotzdem die Zeitgenossen, die sich aus diesen Mustern befreit und sich ihren eigenen Weg im Leben herausgearbeitet haben. Menschen, die für ihre Arbeit ihren Van an die Küste von Portugal fahren und dort den Sommer verbringen. Menschen, die ihr Leben aufgeben, um auszuwandern und den Neuanfang an einem anderen Ort wagen. Menschen, die hohe Positionen in Unternehmen aufgeben, um sich einem bescheideneren Leben zu widmen. Für all die Anderen, die sich nicht in der Lage sehen, ihr vorgegebenes Raster zu verlassen, mutet dieser Ausbruch an, wie ein Geschenk Gottes; ein Geschenk, das leider zufällig der Andere bekommen hat. Wieviel dies aber mit dem eigenen Antrieb und dem Mut zu tun hat, die Illusion von Sicherheit zu hinterfragen und den eigenen Weg zu gehen, das will dabei keiner erkennen. Es ist schon auch verständlich. Aber dabei liegt genau der Reiz darin, eben die Kontrolle ein Stück weit aufzugeben, sich dem Unkontrollierten zu stellen und auf die Dinge zu freuen, die sich einem dann offenbaren.

Ich halte es lieber mit dem wohl richtigsten Satz, den ich dazu jemals gehört habe: „Leben ist das, was passiert, während du eifrig dabei bist, andere Pläne zu schmieden." Ein Zitat von Goethe. Ich befürchte, dass die Wenigsten diesen Satz kennen, oder gar verstanden haben, wie viel Wahrheit darin verborgen liegt.

SOZIAL MIT
DEN MEDIEN

Bei Betrachtung der sozialen Medien komme ich unweigerlich wieder beim Thema *Illusion* aber auch wieder bei Goethe an. Denn je mehr ich das Treiben um unsere sozialen Medien beobachte, desto mehr könnte man meinen, dass sie die Idee zu Goethe´s *Zauberlehrling* gewesen wären. Anknüpfend an eines der vorhergehenden Kapitel zu Technologien und ob man sie jemals hätte entwickeln hätte dürfen, muss den sozialen Medien ein eigenes Kapitel gewidmet werden.

Ich nehme den zunehmenden Hype um *Facebook, YouTube* und *Instagram* seit nahezu einem Jahrzehnt mit Sorge zur Kenntnis. Von der Millenial-Generation als eine der größten Errungenschaften vergöttert, sehe ich als Kind der Siebziger die Sache leider etwas anders. Zuallererst: Am meisten stört mich der Name *soziale Medien*. Ein wahres Paradoxon. Denn ich bin der Meinung, dass dadurch eher Verhalten befeuert wird, das die krasse Gegenveranstaltung zu *sozial* ist. Als jemand, der in seiner Kindheit ohne Smartphone oder Internet aufwuchs, war soziale Kompetenz notwendig, um in der Gesellschaft überhaupt auf irgendeiner Ebene funktionieren zu können. Ich will jetzt auch nicht behaupten, dass damals jeder eine Lichtgestalt in Sachen *Sozialkompetenz* war. Aber das, was in meiner Kindheit als Mindestmaß für *social Skills* gegolten hatte, wäre heute das Niveau für Fortgeschrittene. Wo wir damals, um Freunde zu finden, noch rausgehen und mit Menschen auf irgendeine Weise kommunizieren mussten, um überhaupt Kontakte zu knüpfen, wird einem das heute entweder virtuell abgenommen, oder der persönliche Kontakt wird gar obsolet. Daran, sich zu überwinden, ein Mädchen anzusprechen, ist man damals charakterlich gewachsen. Dieses Entwickeln der Persönlichkeit wird heute einfach nach rechts *weggeswiped*.

Ich fange mal mit dem simpelsten aller Beispiele an: Messenger-Dienste, wie SMS oder mittlerweile WhatsApp. Natürlich ist es praktisch, jemandem über einen Messenger kurz eine Frage stellen zu können, ohne in ein zeitintensives Gespräch verwickelt zu werden. Aber keiner hatte vorausgesehen, dass irgendwann diese Art sich zu unterhalten so überhandnehmen würde, dass sich die Kommunikation der jugendlichen Generation massiv dorthin verlagern würde. So kann man, egal ob in der U-Bahn oder in einer Bar beobachten, dass die Leute sich nicht ansehen oder unterhalten, weil ihr Blick permanent auf das Smartphone gerichtet ist. Als Folge daraus – und der grandiosen Faulheit, die ja in allen Belangen unseres Lebens gnadenlos zuschlägt – entstand dort eine Art der reduzierten Sprache, die mittlerweile von den Jugendlichen sogar verbal übernommen wurde. Begriffe wie „vong" nerven nicht nur, sondern sorgen eigentlich für blankes Entsetzen bei allen, die wenigstens ein Mindestmaß an Respekt für unsere Sprache haben. Was noch erschwerend hinzu kommt, ist, dass bei dieser Art der Kommunikation jegliche Emotion oder Betonung fehlt. In der Zeit vor SMS und Whatsapp habe ich niemals soviel Missverständnisse erlebt wie heute, weil man in den Texten irgendwelche Untertöne geglaubt hat rauszuhören. Auch der wirre Einsatz von uneindeutigen Emoticons kann diese Unzulänglichkeit nicht ausgleichen.

Das nächste Beispiel wäre für mich, *Facebook*. Ursprünglich erdacht, um mit allen möglichen Menschen aus der Gegenwart und Vergangenheit in Kontakt zu bleiben, würde man bei kurzsichtiger Betrachtung diese Plattform für eine gute Idee halten. Beschäftigt man sich aber ein wenig damit, wird einem relativ schnell klar, wie absurd und kontraproduktiv diese Plage wirklich ist. Wenn ich Leute frage warum sie Facebook nutzen, bekomme ich meistens zu hören, dass sie damit mit Leuten in Kontakt bleiben – oder wieder in Kontakt treten können – die sie sonst nicht erreichen, oder nicht mehr sehen würden. Da wären wir aber wieder beim Thema *Richtige Fragen stellen*. Denn keiner stellt sich die grundsätzliche Frage, warum der Kontakt zu manchen Leuten überhaupt erst abgerissen ist. Ich bin der Überzeugung, dass es einen Grund hat, dass Menschen in unser Leben treten oder aus unserem Leben verschwinden. Das muss auch nicht unbedingt mit einem Streit oder einem speziellen Ereignis zu tun haben. Wir sind in ständigem Wandel. Jeder von uns. Und das führt zu Veränderungen oder Differenzen, die sich nicht unbedingt in einem Streit äußern müssen. Dass wir uns dann von Menschen weg entwickeln, ist ein normaler Wandel. Ein gesunder Wandel. Da es noch kein soziales Medium geschafft hat, dass unser Tag plötzlich 30 Stunden hat, oder sich unsere Lebenszeit um 20 Jahre verlängert, bleibt es nach wie vor bei unserem altbewährten 24h-Tag. Ich stelle jetzt einfach mal die kontroverse These in den Raum, dass es schlichtweg nicht möglich ist, sich einer unbegrenzten Zahl von Menschen intensiv zu widmen. Die Zeit dafür haben wir nicht. Deswegen müssen wir diesen Wandel einfach akzeptieren. Wir dürfen uns auch selbst nicht so wichtig nehmen zu glauben, dass, wenn Menschen langsam aus unserem Leben *ausschleichen*, diese plötzlich alleine dastehen. Auch deren Leben ist in einem gewissen Wandel, und auch in deren Leben kommen neue Bekanntschaften und Freunde hinzu. Es ist eher wichtig, dass wir uns den Menschen in unserer Gegenwart mit voller Zuwendung widmen. Je mehr Menschen dies sind, desto weniger intensiv können unsere Bekanntschaften oder Freundschaften im Einzelnen dann aber sein. Aber das fatale Bild, welches *Facebook* und *Co.* zeichnen, ist, dass man 20.000 Freunde haben könnte. Die Begrifflichkeit „Freund" in Zusammenhang mit geaddeten Personen, die ich vermutlich noch nie getroffen habe oder jemals treffen werde, ist nicht nur inflationär sondern verheerend. Das ist nicht nur eine Wertschätzung, die diese Art von Kontakt nicht verdient hat, sondern es geht der Generation, die mit diesen Medien aufwächst, auch das Gefühl dafür verloren, was ein echter Freund wirklich ist. Eine Freundschaft added man nicht. Einen Freund sucht man sich und die Freundschaft will gepflegt sein; mit allen Hochs und Tiefs, die dazugehören.

Ich verstehe, dass es in unserer modernen und schnelllebigen Gesellschaft Menschen gibt, die in ihrem Single-Dasein eine gewisse Isolation erleben. Eventuell sind es Menschen, die sich mit dem Kontakt knüpfen schwer tun. Die Illusion, die diese Netzwerke vermitteln, ist aber eine trügerische: Das Gefühl zu geben, hier leicht einen Kontakt knüpfen zu können und diese Beziehung oder Freundschaft dann virtuell zu führen, ist für unser Zusammenleben völlig fatal. Dazu kommt noch, dass man oft unterbewusst dieser doch fremden Welt soweit misstraut, dass man sich doch mit falschem Bild, geschönten Daten oder ganz falschen Angaben in diesen Netzwerken bewegt – Stichwort *Catfishing*. Das ist eine bewusste Aktion auf unsere Emotion *Argwohn* und wird einen (kontraproduktiven) Effekt haben. Man stelle sich Folgendes vor: Zwei Menschen, die zwar in unmittelbarer Nähe wohnen und sich physisch jedoch nie begegnen würden, um sich in den Arm zu nehmen, weil sie nur durch das soziale Netzwerk und falsche Fakten verbunden sind. In meinem Kopf entsteht da gerade ein Bild von einem Wohnhaus mit durchsichtiger Außenwand, in dem ich alle Bewohner sehe, wie sie alleine in ihrer Wohnung am PC sitzen, um *soziale Kontakte* zu haben. Dabei müssten sie nur vor die Türe gehen. Tragisch.

Das Fatale daran wäre aber nicht, dass es Menschen gibt, die diese Art von Beziehung einer physischen Freundschaft aus freien Stücken vorziehen, weil sie beides zur Genüge kennen. Nein, das Verheerende wäre, wenn wir an einen Punkt kommen würden, an dem wir mit einer gewissen Selbstverständlichkeit uns zu virtuellen Netzwerken hin entwickeln, und kommende Generationen das reale soziale Verhalten mit persönlichem Kontakt, erst gar nicht mehr kennen.

Theoretisch könnte mir als freiem Menschen dies relativ egal sein. Ich kann mich soweit beteiligen, wie ich das möchte. Für meine Person habe ich mich auch strikt gegen die Mehrzahl der sozialen Medien entschieden. Wo es aber für mich zunehmend zum Problem wird, ist in meiner Rolle als Vater. Dort glaube ich zwar in meiner Erziehung eine klare Linie zu haben, aber das ist in diesem Falle nur zum Teil relevant. Denn was für mich als Vater mit die höchste Priorität hat, ist, dass meine Tochter nicht zum Außenseiter wird. Somit kann ich meiner Überzeugung, meiner Tochter alle *sozialen Medien* komplett zu verbieten, um bei ihr die echten Sozialkompetenzen herauszuarbeiten, nicht wirklich nachkommen. Da es scheint, dass einer Vielzahl der Eltern die Tragweite der Entwicklung durch die *sozialen Medien* nicht einmal ansatzweise bewusst ist, dürfen deren Kinder natürlich diese Medien nutzen. So mancher sogar recht ausgiebig. Dürfte meine Tochter dies gar nicht, dann würde es für sie in der Gemeinschaft schwer, da sie die Einzige wäre, die dies nicht darf. Somit kämpfen wir hier täglich den Kampf auf dem schmalen Grat, welches Medium sie nutzen darf und welches nicht. Aber generell fühlt es sich für mich so an, als müsste ich mein Kind in einen Zug setzen, von dem ich weiß, dass er gegen eine Mauer fahren wird – nur weil alle ihre Freunde schon drin sitzen. Wenigstens habe ich ihr einen Helm und eine Rüstung mitgegeben...

Was wir an anderer Stelle immer wieder feststellen müssen, ist eine gewisse Verrohung im Netz. Das hat natürlich auch unmittelbar mit dem Umgang mit den *sozialen Medien* zu tun. Da man sich natürlich bewusst ist, dass man in seinen vier Wänden alleine an seinem PC sitzt, fühlt man sich durch sein Heim auch auf eine gewisse Weise geschützt. Man bewegt sich in Chatrooms und in Foren und man schreibt seine Meinung in Kommentarspalten und Gästebücher. Leider kann man dies in den meisten Fällen immer noch ohne Klarnamen tun. Mal abgesehen davon, dass viele durch den überhandnehmenden Umgang mit den *sozialen Medien* bereits massiv an realen sozialen Fähigkeiten eingebüßt haben, gibt einem die Möglichkeit, sich bei Foren mit Fantasienamen anzumelden, ein weiteres Stück Sicherheit. Selbst wenn bei manchen die Sozialkompetenz noch soweit vorhanden wäre, dass sie im realen Leben noch beurteilen könnten, was zum *guten Ton* gehört, haben sie doch die Möglichkeit, sich hinter dem Namen *Forumboy24* oder *DiskussionsKätzchen2000* zu verstecken. Unter einem Pseudonym fällt es den Menschen zu schnell sehr leicht, ihren eigenen Frustrationen freien Lauf zu lassen. Das mag zwar auch daran liegen, dass man sich sowieso „nur" in einem Streitgespräch mit „OnlinePolitWart87" befindet, was sich in dem Moment einfach nicht wie eine reale

Person anfühlt. Nicht verwunderlich, denn der Unterschied zu einem Shooter-Game ist hier nicht besonders groß. Denn auch da tobt man sich über alle Maßen aus und es verwischt das Virtuelle mit der Realität. Problematisch wird es dann, wenn unsere Gesellschaft zwar in der Lage ist, in den *sozialen Medien* problemlos über die eigenen ausgefallenen Sexualpraktiken zu referieren, aber im Supermarkt den Kunden hinter sich nicht nach der Uhrzeit zu fragen traut.

Ich möchte in meinem Resümee die sozialen Medien keinesfalls ihrer Sinnhaftigkeit berauben, oder ihnen gar absprechen, dass sie nicht an bestimmten Stellen doch Gutes bewirken können. Das stelle ich nämlich gar nicht in Frage. Das Problem sehe ich in unserem Verständnis dieser Medien; wie der Mensch sich mit diesen seine Realität zurechtlegt. Wenn er endlich anfängt, diese in seiner eigenen Realität sinnvoll einzuordnen wird sich der Umgang damit auch normalisieren und diese Medien werden exakt den Stellenwert einnehmen können, den sie auch verdienen.

Damit wir dies erreichen können halte ich es für unumgänglich, dass die Politik das Internet nicht als Sonderraum verstehen und behandeln darf. Rufe aus der Mitte der Gesellschaft, dass im Netz ein gewisser Datenschutz gewährleistet sein muss, sind in meinen Augen eine völlig falsch gedachte Form der Freiheit. Menschenrechte sind nach meiner Auffassung überall gleichermaßen gültig. Man kann für das Internet keine Rechte einfordern, die man im wirklichen Leben auch nicht hat, nur, weil es der Gesetzgeber bislang versäumt hat, die unregulierten Flanken zu schließen. Für Unrecht kann es kein Gewohnheitsrecht geben.

ICH BIN

JESUS.

Nein, bin ich natürlich nicht. Aber was wäre, wenn ich in die Welt hinausgehen und dies behaupten würde?

Religion ist schon eine seltsame Sache. Da läuft alles darauf hinaus, etwas zu glauben, ohne etwas wirklich zu wissen. Dabei klingt das relativ einfach: Halte dich einfach an das Buch. Aber können wir uns wirklich an die Bibel als Leitplanke halten? Wenn man sich vor Augen führt, dass die Bibel die Geschichte Jesu enthalten soll, muss man sich doch fragen, wie wahrheitsgetreu diese Geschichte überhaupt sein kann. Immerhin wurde diese Geschichte erstmals 300 Jahre nach Jesu Geburt aufgeschrieben. Bis zu diesem Zeitpunkt wurden seine Geschichten lediglich über Erzählungen überliefert. Man muss das mal richtig sacken lassen: 300 Jahre danach!

Zum besseren Verständnis: Mein Vater hat mir Geschichten von seinem Vater aus der Zeit des Zweiten Weltkriegs erzählt. Ich würde jetzt mal behaupten, wenn ich diese Geschichten aus meinem Gedächtnis heraus erzählen würde, dann würde er mich sicherlich mehrmals verbessern müssen, weil ich die Geschichten falsch erzählen würde. Vermutlich würde ihn dann seinerseits sein Vater auch verbessern, weil auch er sie anders erzählt als er sie ihm ursprünglich erzählt hat. Heißt im Endeffekt: Meine Version ist ziemlich verfälscht. Wir sprechen hier aber lediglich von zwei Generationen. Bei einem Zeitraum von 300 Jahren sprechen wir im besten Fall von neun Generationen. Wenn sich da genauso viele Fehler eingeschlichen haben, wie bei den Geschichten aus dem Hause Hofmann, dann sind meine Zweifel an der biblischen Geschichte enorm und dazu noch berechtigt. Da viele vor mir bereits die Löcher im Käse gefunden haben, dreht sich hier auch regelmäßig die Argumentation der Gläubigen wie das Fähnchen im Wind. Während man in passenden Passagen die Bibel wörtlich nimmt, wird dann bei anderen Passagen eher wieder behauptet, dass es sich doch nur um Gleichnisse handeln würde. Dieser inkonsequente Umgang mit dieser Schrift macht es dem reflektierten Menschen schwer, diese ernst zu nehmen. Der Gipfel der Absurdität ist aber wirklich, dass die Gläubigen auf die Rückkehr des Heilands warten und mir dabei aber absolut schleierhaft ist, woran sie ihn dann beim zweiten Durchgang erkennen wollen. Ich nehme stark an, dass Jesus, wenn er denn wieder käme, exakt das gleiche Schicksal ereilen würde, wie beim ersten Durchgang. Vermutlich würde er nicht noch einmal an ein Kreuz genagelt oder ausgepeitscht werden. Aber ich nehme an, dass die Behauptung, Jesus zu sein, zwangsläufig zu einer stationären Einweisung führen würde. Weshalb ich ihm nur stark abraten kann, die Intelligenz der Menschheit ein zweites Mal zu überschätzen. Aber wer weiß, vielleicht ist er schon da und ist mit Kim Kardashian verheiratet. Das müssen wir wohl einfach abwarten.

Eine Frage habe ich dann aber doch noch: Wenn wir alle Kinder Gottes sind, und Jesus Gottes Sohn, dann wäre er ja mein Stiefbruder. Theoretisch müsste ich auf Formularen zukünftig bei der Anzahl der Geschwister einen Bruder mehr angeben...

DER
UMGANG MIT
DEM TOD

Ein weiteres Tabuthema neben dem Thema *Hass*, ist das Thema *Tod*. Wir haben in den letzten Jahrzehnten einen sehr unnatürlichen Umgang mit dem Tod entwickelt. Wenn man in vergangene Kulturen zurückblickt, erkennt man, dass dort um das Sterben und den Tod richtige Zeremonien gemacht wurden. Bei den alten Ägyptern haben die Pharaonen bereits Jahrzehnte vor ihrem Ableben ihre Begräbnisse geplant. Es hat beinahe deren gesamtes Leben gedauert, die Grabstätten zu bauen. Bei den Indianern hatte man Rituale, bei denen man die Verstorbenen bei der Zweitbestattung wieder ausgrub, um sie in ein Beinhaus zu verbringen. Im europäischen Raum hatten unsere Vorfahren in der Jungsteinzeit die Verstobenen in der Mitte der Hütten begraben. In noch nicht allzu langer Vergangenheit hatten wir in Deutschland auch noch den Brauch, den Verstorbenen in der Wohnung für einige Tage aufzubahren, damit sich Familie und Freunde verabschieden konnten. Mit diesen Bräuchen sind auch die Kinder aufgewachsen und somit schon früh mit dem Tod in Berührung gekommen. Das Bewusstsein, dass Krankheiten innerhalb kürzester Zeit das Leben beenden können, gehörte in allen Kulturen zum Leben dazu. Sicher hatte jede Kultur seine „Medizinmänner", aber es gab zahllose bekannte Krankheiten und Seuchen, die für die Menschen den sicheren Tod bedeuteten. Das war auch jedem bewusst.

In der heutigen Zeit sieht die Sache völlig anders aus. Wir leben in einem Zeitalter, in dem die Medizin so weit fortgeschritten ist, dass unzählige Krankheiten geheilt oder zumindest behandelt werden können. Mittlerweile hat man sogar Medikamente, die HIV-Infizierten Menschen ein relativ normales und vor allem langes Leben ermöglichen. Durch diesen immensen medizinischen Fortschritt hat sich bei uns Menschen ein Bewusstsein von Unverwundbarkeit eingeschlichen. Wir haben uns so sehr daran gewöhnt, dass man mutmaßen könnte, dass die Menschen glauben, ein Recht auf Gesundheit zu haben. Aber wenn es so wäre, frage ich mich, bei wem wir dies einfordern könnten?

Wir haben uns so sehr daran gewöhnt, gesund zu sein, dass wir Krankheiten auch nicht mehr als feste Größe in der Natur wahrnehmen. Wir betrachten sie eher als Unbequemlichkeit, die uns dabei stört, unser Leben in Ruhe zu leben. Aber ich denke, wir machen es uns damit ein bisschen zu einfach.

Ich habe viel über den Tod nachgedacht und mir persönlich hat sich ein relativ eindeutiges Bild gezeigt. In der Natur hat sich eine immer wiederkehrende Sequenz etabliert. Sie besteht aus der Geburt, dem Leben und dem Tod. Und diese Sequenz spult die Natur immer wieder und wieder ab. Sie macht das ohne jegliche Emotion, ohne jegliche Betrachtung des Einzelfalls und in perfekter Ausführung. Wenn es auf dem Planeten überhaupt irgendetwas gibt, das hundertprozentig funktioniert, dann ist es diese Sequenz. Und sie betrifft nicht nur uns Menschen, sondern auch die Tier- und Pflanzenwelt. Weiter ins Universum geblickt, trifft diese Sequenz auch auf ganze Planeten zu. Es wirkt, als würde die Natur versuchen, eine imaginäre Balance aufrecht zu erhalten und dafür gewisse Maßnahmen ergreifen.

Auch wenn der Mediziner den Hippokratischen Eid für sich als Leitlinie erkoren hat und sich damit vornimmt, jedes Leben zu retten, stellt sich doch die Frage, ob das sinnvoll und manchmal nicht sogar wider der Natur ist. Zwar gibt es hier auch Vertreter der These, dass Leben zwar schützenswert ist, aber zum Leben doch weitaus mehr als nur ein Puls gehört. Trotzdem hat sich unsere Gesellschaft dahingehend entwickelt, dass wir unsere Alten in ihren letzten Tagen oftmals aus ihrem Lebensraum reißen und diese zum Sterben ins Krankenhaus, Pflegeheim oder Hospiz bringen. Dort werden dann manchmal sogar Maßnahmen ergriffen, die über das Ziel hinausschießen und einem würdevollen Sterben eher im Wege stehen. Das Sterben außerhalb der eigenen Wohnung hat auch dazu geführt, dass wir unsere Lieben nicht mehr für ein paar Tage unter uns haben, um uns von ihnen zu verabschieden, sondern wir bekommen noch ein paar Stunden, bevor der Leichnam weggebracht wird. Gerne erklären wir uns selbst, dass dies mit dem üblen Geruch und der Hygiene zu tun hätte; was in einer medizinischen Einrichtung einfach besser aufgehoben wäre. Aber machen wir uns da nicht etwas vor? Ist es nicht so, dass es uns heutzutage eher zuwider ist, mit dem Bild des Verstorbenen im Kopf in den gleichen Räumlichkeiten weiterleben zu müssen? Das klingt vielleicht hart aber, ehrlich gesagt wahrscheinlicher.

Auch werden meist die Kinder nicht mehr zum Verstorbenen gebracht, so dass diese auch nicht mehr mit dem Tod aufwachsen und sich das *Sehen* eines Verstorbenen für die Kinder morbide oder gruselig anfühlt. Verstehen Sie mich nicht falsch: Einen verstorbenen Angehörigen zu sehen, soll sich sicher nicht toll anfühlen. Aber es sollte sich auch nicht gruselig anfühlen.

Aber wir werden nicht an der Tatsache vorbei kommen, uns mit dem Thema Tod auseinanderzusetzen. Der Fehler, den wir dabei machen, ist, dass wir beim Thema *Tod* die falsche Sichtweise wählen. Wir betrachten den Tod immer aus unserer eigenen Sichtweise und das ist nie die Sichtweise des Sterbenden, sondern die eines zu-früh-Sterbenden. Wir betrachten den Tod aus der Sicht eines Sohnes der seine Eltern nicht verlieren will. Wir betrachten den Tod aus der Sicht der Eltern, die ihr Kind nicht verlieren wollen. Wir betrachten den Tod aus der Sicht eines Menschen der seinen Bruder oder seine Schwester nicht verlieren will. Aber wir sollten lernen, uns in die Sterbenden hineinzuversetzen. Ein Achtzigjähriger, der ein erfülltes Leben hatte, hat mit Sicherheit eine andere Sicht auf den Tod als ein Zwanzigjähriger. Wir sollten uns fragen, ob ein Mensch am Ende seines Lebens sich tatsächlich genauso schwer tut loszulassen wie wir, die wir ihn gehen lassen müssen. Deswegen könnte man nüchtern betrachtet sagen, dass das Thema *Trauer* eventuell in der Hauptsache eine *egoistische* Komponente hat. Der Gedanke, dass man selbst den Verstorbenen nie wiedersehen kann und ihn vermissen wird, hat mehr mit einem selbst zu tun als mit dem Verstorbenen. Wenn sich meine Ausführungen zu diesem Thema beklemmend und surreal anfühlen, dann ist das ein klares Zeichen dafür, wie absurd unser Umgang mit dem Tod geworden ist. Ich möchte aber ganz deutlich sagen, dass es auch darauf ankommt, wer stirbt. Es macht sicher einen gewaltigen Unterschied, ob man seinen Vater mit 83 Jahren oder sein Kind zu Grabe trägt. Und Trauer ist eine sehr persönliche Sache, bei der jeder seine eigene Bewältigungsstrategie finden muss.

Aber wir weichen diesem Thema trotzdem immer wieder aus, weil wir uns einfach nicht diesem unangenehmen Gefühl in der Magengrube stellen wollen, wenn das Gespräch auf das Thema *Tod* kommt. Aber egal, ob wir das wollen oder nicht, wir werden uns damit beschäftigen müssen. Denn es hängen essenzielle Fragen unserer Gesellschaft damit zusammen. Spätestens wenn sich unsere hoch entwickelte Gesellschaft in selbstfahrende Autos setzen will, muss sie dieses Thema durchexerzieren. Denn diese ethischen Fragen müssen geklärt sein, wenn dieses System an den Start gehen soll. Denn ab diesem Zeitpunkt ist der Mensch, was die Entscheidungen angeht, außen vor. Das System muss dann selbstständig abwägen, ob das Leben einer Gruppe Rentner oder das zweier Kinder höher zu bewerten ist. Das kann dieses System nur auf der Basis der vom Menschen eingegebenen Datensätze entscheiden. Und diese werden relativ eindeutig sein müssen; erstellt auf Grundsatzentscheidungen, die im Vorfeld klar definiert werden müssen. Das geht nur, wenn wir uns eingehend mit diesem Thema beschäftigt haben. Ich habe die große Hoffnung, dass, wenn dies erledigt ist, wir zu einem gesünderen Umgang mit dem Tod zurückfinden und uns dies auch bei anderen Fragen klüger Entscheidungen treffen lässt wie z. B. bei der Sterbehilfe.

Ich denke da aber auch an die Corona-Pandemie von 2020. Die politischen Entscheidungen in Bezug auf die Infektionszahlen und die damit verbundenen Einschränkungen für die Bevölkerung waren im Kern nur von unserem Umgang mit dem Sterben beeinflusst. Ich denke, das stand uns fast schon kolossal im Weg. Heruntergebrochen wurde die Pandemie von uns nur als Störung unserer Gesellschaft betrachtet. Und wieder war das zu kurz gedacht. Vielleicht sind Pandemien auch einfach keine Zufälle. Wenn die Natur so perfekt ist, wie wir denken, dann müsste eine Pandemie auch eine natürliche Funktion haben. Sich gegen diese Pandemie mit der Strategie zu stellen, jegliche

Ansteckung zu verhindern, weil man gesellschaftlich keine Verluste akzeptieren kann oder möchte, muss der falsche Ansatz gewesen sein. Mit einem natürlicheren Umgang mit dem Tod hätten wir mit ziemlicher Sicherheit eine komplett andere Strategie gewählt und die Pandemie hätte uns unter Umständen nicht so hart getroffen. Verstärkt wurde dies meiner Ansicht nach durch den Fehler, dass man (gefühlt) Corona-Tote als inakzeptabler als Influenza-Tote oder Unfalltote angesehen hat. Der gesamte Umgang mit der Pandemie hatte so ein bisschen den Beigeschmack, als würde dem Menschen zum aller ersten Male in seiner langen Geschichte seine Sterblichkeit schmerzhaft bewusst. Damit hatte die Gesellschaft offensichtlich ein Problem. Aber nur weil man über den Tod nicht sprechen mag, macht einen das noch lange nicht unsterblich. Ich möchte an dieser Stelle auch nicht so verstanden werden, dass meine Gedanken gleichbedeutend damit wären, dass ich den Tod schön finde. Das sicher nicht. Aber ich akzeptiere ihn, weil er von Natur aus richtig ist. Was uns aber gerade die Pandemie gelehrt hat, ist, dass es für das weitere Geschehen irrelevant ist, was wir über den Tod denken. Er passiert jeden Tag aufs Neue. Wir könnten uns auch fragen, was der Kirschbaum davon hält, dass er jedes Jahr seine Blüten verliert. Aber egal, was er uns antworten würde, er hätte keinen Einfluss darauf, dass es passiert. Zum Thema *Tod* möchte ich jedem den Song *Stop this Train* von John Mayer ans Herz legen. Dieser Song fängt für mich den Umgang mit dem Tod besser ein als alles andere, was ich zu dem Thema je gelesen oder gehört habe.

Ich möchte hier noch einen extra Gedanken zum Thema Tod schreiben. Egal, wie wir mit dem Tod umgehen oder umgehen möchten; wir sollten einmal für einen kurzen Moment von unserem hohen Ross herunter kommen und einen Blick in die Tierwelt wagen. Vielleicht können wir selbst von kleinen

Nagern mehr lernen, als uns lieb ist. Während ich dieses Buch schrieb, wurde bei unserer Hamsterdame ein Tumor diagnostiziert. Zu diesem Zeitpunkt war ihr Lebenswille noch eine Zeit lang ungebrochen. Zwar war sie beeinträchtigt, aber sie hatte noch versucht alles so zu machen wie sie es immer gemacht hatte. Kurz darauf kippte die ganze Situation leider. Sie sammelte die Wolle aus ihren verschiedenen Häuschen und trug sie unter größten Anstrengungen in ihr Stammhaus. Sie war dabei irgendwie eifriger und irgendwie auch gewissenhafter als sonst. Es hatte den Anschein, als wäre dies etwas Besonderes. Am Tag darauf hatte sie körperlich bereits deutlich abgebaut und fraß auch schon wesentlich weniger. Sie war auch wesentlich schlechter zu Fuß als noch die Tage zuvor. Sie schleppte sich trotzdem noch einmal über all ihre Lieblingsplätze und uns wurde irgendwie klar, dass sie sich von ihrem Lebensraum verabschiedete. Dann ging sie in ihr gemachtes Nest und kam nie wieder heraus. Da wurde uns klar, dass sie sich bewusst ihr Sterbebett bereitet hatte. Jetzt mag man mir vorwerfen, dass ich Menschen doch nicht mit einem Nagetier vergleichen kann. Aber da ich diesen Prozess relativ bewusst erlebt habe, habe ich mich in dem Moment gefragt: Wieso eigentlich nicht? Dann setzte bei mir der anerzogene *Reflex* ein, sie zum Tierarzt bringen zu wollen, um sie erlösen zu lassen. Aber ich hatte in diesem Moment einen solchen Respekt vor ihrem Weg, mit dem Tod umzugehen, und mir wurde irgendwie klar, dass sie es besser wusste als ich. Denn sie tat es einfach. Ich als zivilisiertes hoch entwickeltes Wesen konnte die Situation zwar reflektieren, aber diese Reflektiertheit hat mich nur dazu gebracht, unsicher zu sein und zu zögern. Es half mir nicht. Sie hat es hingegen einfach gemacht. Das machte mich in diesem Moment so demütig, dass ich wusste, dass ich glauben kann, so viel ich will, aber was ich letztendlich wirklich weiß, bedeutet nichts.
Danke, Steffi.

DAS WAR´S DANN
ERSTMAL...

Im Gegensatz zur Bibel ist dieses Buch nicht als die absolute Wahrheit zu verstehen, sondern beinhaltet lediglich die Gedankenspiele eines einfachen Bürgers, der sich erdreistet hat, das aufzuschreiben, was ihn seit langem beschäftigt. Mir war wichtig zu zeigen, dass die Meinung eines Bürgers weitaus komplexer ist als sein Kreuz auf einem Wahlzettel. Um eine differenzierte Meinung zu haben, brauche ich persönlich weder die Zugehörigkeit zu einer Gruppierung, noch bediene ich mich einer Ideologie. Ich leugne nicht den Klimawandel, ich wusste zu jeder Zeit, wie gefährlich Corona war, und ich plädiere in der Politik für eine gesunde demokratische Mitte. Ich zweifle weder an unserer Verfassung noch an unseren demokratischen Organen. Woran ich zweifle, ist der Mensch selbst; an seiner Fähigkeit, sich selbst zu reflektieren, und seinen hochgesteckten Idealen, denen er nie im Stande sein wird, gerecht zu werden. Er ist quasi das unüberwindbare Hindernis und steht sich bei allen Problemen dieser Gesellschaft selbst im Weg. Solange er das nicht erkennt, werden wir diese Gesellschaft wohl so unvollkommen akzeptieren müssen, wie wir sie Tag für Tag erleben. Ich räume an dieser Stelle aber ein, dass ich eventuell auch falsch liegen könnte. Ich lade jeden dazu ein, mich vom Gegenteil zu überzeugen.

Besuchen Sie auch:

www.imkopfeinesbuergers.de

Dort finden Sie unter dem Menüpunkt „Gedanken des Tages" freie Artikel von Mark Hofmann zu brandaktuellen Themen.

© **2021** Mark Hofmann

2. Auflage

Herausgeber: Manschreibt, Angerburger Straße 21, 90411 Nürnberg
Autor: Mark Hofmann
Grafik und Layout: screenshot artworx • meister der zweiten idee
Korrektorat: Julia Prüßner
Mitwirkende, Berater: Patricia Hofmann, Julia Prüßner, Rüdiger Sturm, Daniel Baus
Herstellung und Verlag: BoD - Books on Demand, Norderstedt
ISBN: 9783753408385

Ich danke meiner lieben Frau, Patricia Hofmann, für ihre stets ehrliche Meinung und ihre Engelsgeduld. Dank auch an Julia Prüßner für die Unterstützung bei der Umsetzung in Form des Korrektorats. Bedanken möchte ich mich auch bei Rüdiger Sturm für seine stets offene Art und wertvolle Meinung während der Produktion. Auf keinen Fall vergessen möchte ich Daniel „Der Bauser" Baus für das tolle Autorenfoto.

Bibliografische Information der Deutschen Nationalbibliothek: Die Deutsche Nationalbibliothek verzeichnet diese Publikation in der Deutschen Nationalbibliografie; detaillierte bibliografische Daten sind im Internet über http://dnb.d-nb.de abrufbar.